連続授業

命と絆は守れるか?

——震災・貧困・自殺からDVまで

宇都宮健児 浅見昇吾 稲葉 剛 編

三省堂

目次

まえがき　1

1時間目　現代の闇と向き合う
—自殺・貧困・孤独死の現場から—
▼中下大樹（真宗大谷派僧侶、寺ネット・サンガ代表）

現代の闇と向き合う　7／東日本大震災の現場から　22

2時間目　希望のもてる社会をめざして
—多重債務と反貧困運動—
▼宇都宮健児（弁護士、反貧困ネットワーク代表）

多重債務の問題に取り組むまで　31／貧困対策が同時に必要な訳　40／東日本大震災・原発事故に対する日弁連の取り組み　51

3時間目 いのちの電話と被災者支援
▼斎藤友紀雄（日本自殺予防学会理事長、日本いのちの電話連盟理事）
いのちの電話「災害ダイヤル」の開設 55／被災とこころのケア 60／いのちの電話・自殺予防学会40周年 68

4時間目 生を肯定できる社会をめざして ―貧困問題の現場から―
▼稲葉剛（NPO法人自立生活サポートセンター・もやい代表理事）
新宿の「ダンボール村」から始まった 79／名前のない死の意味するもの 84／「活動家のジレンマ」を生きる 93

5時間目
DV・暴力の影響と、そこからの歩み
▼中島幸子（NPO法人レジリエンス代表）
DV・暴力の影響 105／周囲のサポート・回復への道のり 116

6時間目
突然の別れと悲しみからの再生
―犯罪被害の現場から―
▼入江杏（世田谷事件遺族、ミシュカの森主催）
悼む心が命をつなぐ 127／遺志の社会化 1枚の絵から 134／時効撤廃 悲しみの連帯でいのちを守る社会へ 143

7時間目 命を問う ―ケアされる存在としての人間―

▼小館貴幸（介護福祉士）

人間存在とケア 153／「介護地獄」と呼ばれる世界を生きる 159

8時間目 死への社会学的まなざし

▼藤村正之（上智大学総合人間科学部社会学科教授）

死と社会学のかかわり 179／社会学確立期からの主題たる死 182／死の類型化―人の死に方がもつ意味 185／過程の中にある死――家族や他者に囲まれて 191／現代文化における死の位置づけ 196

■カバー・デザイン
安田真奈己
■カバー・写真
落合由利子
■写真協力
ステンドグラス　花田美恵
あかねの虹保育園（埼玉県所沢市）

まえがき

命と絆は守れるか？

あなたはこの本のタイトルを見て、何を考え、何を感じるでしょうか。

２０１１年３月に発生した東日本大震災は、直接の被災者はもちろん、ボランティアや職責として被災地の支援に関わった人たち、メディアなどを通して間接的に災害を目撃した人たちにも、「命」や「絆」をめぐる深くて重い問いを突きつけました。この年、実に多くの人々が「絆」について語り、この言葉はその年の「今年の漢字」に選ばれるまでになりました。

とは言え、「命」と「絆」が問われているのは被災地だけではありません。

震災の前年の２０１０年には、「無縁社会」という言葉が流行語になりました。都会の片隅で誰にも看取られずに亡くなり、死後も家族に引き取ってもらえない遺体が急増しているという現実に、若年層を含めた多くの人々が自らの将来の姿を重ね合わせました。社会から孤立した末の死は単身者だけにとどまらず、震災から１年が経過した２０１２年には、全国各地で二人家族、三人家族が餓死・孤立死する事件が相次ぎました。

こうした状況の中、「命を守るために地域の絆、家族の絆を大切にしなければならない」という主張は説得力を増しつつあるように見えます。

しかし、スローガンのように「絆」を唱えていれば、人々のつながりが自動的に深まるわけではありません。「絆」を連呼することにより、逆に社会の中にある多様な問題が見えにくくなり、自らの困難な状況を訴え出ることが難しくなる人たちがいる、と指摘している論者もいます。

たとえば、被災地の一部の避難所では「絆」や「団結」を強調するあまり、個々の避難者のプライバシーを守る仕切りが設置されず、特に女性や障がい者にとって安心できる空間が確保できませんでした。小さい子どもを抱えた福島の母親が放射能汚染から避難しようとしても、家族のしがらみにより県外になかなか出られない、という現実もありました。具体的な個々の場面における「絆」の質や中身が問われているのです。

「命を守るために絆を大切に」と言い切ってしまう前に、私たちは私たちの社会で起きている現実を一つずつ見ていく必要があります。自殺、貧困、孤立、多重債務、DV、犯罪被害、介護地獄…。それらはできるならば、眼をそらしたい現実です。しかし、これらの現実を「他人事」、「一部のかわいそうな人の問題」として受け流している限り、私たちの社会は「命」を守る力を身につけることはできないでしょう。一人ひとりが現代日本社会の現実を知り、それらを自分の身にも起こりうる問題として捉えること。そして現実を変えていくために、どのような「絆」が必要か考えていくこと。それこそが、真の意味で「命と絆」を守れる社会への第一歩だと私は考えています。

本書が、そのための一助となることを心より願っています。

２０１２年7月

編者を代表して

稲葉　剛

1 時間目

現代の闇と向き合う
―自殺・貧困・孤独死の現場から―

中下 大樹
真宗大谷派僧侶、寺ネット・サンガ代表

現代の闇と向き合う

■孤立の現場から見えてくるもの

「隣の部屋から変な臭いがするんです。ちょっと見てくれませんか」

私は新宿区内のひとり暮らしの高齢者を中心として定期的に訪問し、見回り活動をしています。たまたま訪問した方が住んでいる長屋風のアパートの隣の部屋から、異臭がすると言うのです。その言葉を聞いた時、私は嫌な予感がしました。恐る恐るその部屋に近づくと、何か物が腐ったような異臭をはっきりと感じ取ることができます。私は年間50件以上、孤独死の現場に立ち会います。その臭いから経験的に「これは孤独死に間違いない」と確信しました。直ぐに大家さんと警察に連絡を取り、部屋に入りました。すると、四畳半ほどの部屋の中央に敷かれた万年床の布団の上に、初老の男性がうつぶせの状態で倒れているのを発見したのです。その周りには蛆《うじ》や蠅《はえ》が飛び交い、強烈な臭いを放っています。地獄絵図とはこのことです。人間の死の尊厳という状態からは程遠い状態であることは、誰の目からも明らかです。遺体の損傷から、死後相当の日数が経っていることは素人の私でも分かりました。私は「またか…」と心の中で呟き、警察の現場検証に立ち会ったのです。

孤独死の問題が、急にクローズアップされ始めたのは2010年1月末にNHKが放送した「無縁社会」という番組がきっかけではないでしょうか? 番組では、ひとり誰にも看取られず社会的孤立の中でひっそりと亡くなっていく高齢者の姿が紹介されました。その数、年間約3万2000人。その映像は高齢者だけでなく、20~30代の若い世代にも「未来の自分の姿だ」と衝撃を与えました。現代社会では、少子高齢化や核家族化が進み、隣近所との付き合いもない人が増えています。また終身雇用・年功序列といったかつての「社縁」が変化し、非正規労働者の増加に伴う不安定雇用の中、「働いても食べていけない」人が増え続け、さらに生涯未婚率・離婚の増加、出生率の低下などのライフスタイル・価値観の変化に伴い、男女共に単身世帯が増え続けています。誰にも看取られることなく、ひとり孤独に死んでいくことは、もはや誰の身にも起こりうる可能性があると言えるのではないでしょうか?

そして2010年の夏、いわゆる「消えた高齢者問題」が起きました。メディアは連日こぞってこの問題を報道しました。そんな中、新聞やテレビなどのマスコミ各社が、高齢者の見回り活動・孤独死防止・自殺対策・身寄りのない方の遺骨を引き取るなどの葬送支援に取り組む私のところに連日取材に押し寄せました。その際、「無縁社会」についてどう思いますかという質問を、記者達からくり返し受けました。そのたびに私は、記者の口から発せられるその「無縁社会」という言葉に違和感を感じていました。そもそも、私たちは縁がなければ、この世には生まれてきていないのです。父親と母親という縁があったからこそ、私が存在するのです。つまり縁が全く無ければ、私はこの世に生まれてくることすらできないのです。私たちは必ず誰かしらとの縁を持って（血縁）生まれてきたのです。つまり「無縁社会」というのは実際には存在しないのです。にもかかわらず「消えた高齢者問題」が起こったのは、家族という血縁が機能不全に陥り、地縁も社縁も薄かった結果ではないでしょうか。孤独死や自殺の現場に数多く立ち会ってきた経験から言うと、「縁が無い」ことが問題ではなく、「縁が機能していない」ことの方が問題であると私は感じています。逆に言うと、今は血縁や地縁・社縁が機能している人でも、それらが何らかの理由で機能しなくなれば、誰でも「孤立無縁」といった状態になりうると言えるのではないでしょうか？

私たちの社会は、煩わしい人間関係を排除し、束縛されない自由で快適な暮らしを求めた結果、無縁社会を自ら望み、作り上げてしまったとも言えます。私たち自身の「生き方」も、無縁社会とは無関係ではないように思えます。「孤独死の何が悪い」「孤独死は自己責任だ」という声を、私は高齢者の見回り活動などを続ける中で何度も聞いてきました。しかし、孤独死の壮絶な現場に立ち会うにつれて、まだ元気な時は「孤独死の何が悪い！」と言えても、ひとりで寝たきりになったり、誰かの介護を受けなければならなくなった時に、果たして人は同じことが言えるでしょうか？　人の気持ちは常に変化します。元気な時は「孤独死は自己責任！」と言えても、24時間、常に誰かの力を借りなければ生きられなくなった時、人は誰かのあたたかい「ぬくもり」や「思いやり」を欲するのではないでしょうか？　私を含め、人間は弱いものです。弱いからこそ、人は縁を作り、その縁の中で共に生きようとします。資本主義の追求と血縁・地縁・社縁などの共同体による助け合いは相反するものかもしれません。しかし、東日本大震災を経験した今、私たちは社会の在り方、自らの「生き方」を根本から見つめ直す時期に来ているのではないでしょうか？

これからの時代、「無縁社会」の中でひとり孤独に人生を終えていくことは決して特殊なケースではなく、もはや誰の身にも起こりうる可能性があると言えます。非婚や離婚、死別などによって、今から約20年後の２０３０年には、単身世帯が一般世帯全体の約４割になるという国の研究機関の推計もあります。これからの日本は「おひとりさま」が主流となり「家（イエ）」制度そのものを根本的に問い直す時期に来ていると言えます。孤独とどう向き合い、どうやって死を迎えるか、社会全体で考えなければいけない時代になってきたように私には思えるのです。

私はここで、敢えて好きではない「無縁社会」という言葉を使っています。それは無縁社会という言葉が、「現代を象徴する言葉」と考えるからです。人間の死亡率は100%です。遅かれ早かれ私たちは誰しも死を迎えます。しかし、どこでどのように人生を終えていくのかは、人それぞれです。私は今までホスピスで数百人の末期がん患者さんを看取り、生活困窮者を中心に2000件を超える葬儀に導師として立ち会ってきました。その経験を通じて感じることは、「人は生きてきたように死んでいく」ということです。どのように死んでいくかは、どのように生きてきたかの裏返しです。そしてひとりの死に様は、残された者たちに大きな影響を与えるのです。

■経済的な貧困と人間関係の貧困

2009年3月19日の夜、群馬県渋川市にある静養老人施設「たまゆら」で火災が発生し、10人の方が亡くなった事件を覚えているでしょうか？　私は、亡くなった10人のうち7人は東京（墨田区6名・三鷹市1名）の出身と聞き、ショックを受けました。東京は住宅事情が貧困で、住み慣れた街で暮らしたいと願っても、生活困窮者で介護などのケアが必要な方にとっては適切な住まいが見つからず、地方の施設に移らなければならないケースが多々あります。東京在住の私にとって、この問題は他人事とは思えませんでした。火災事件直後、NPO法人自立生活サポートセンター・もやいの稲葉剛代表から「たまゆらで亡くなられた方を弔いたいので、力を貸してほしい」という依頼が入りました。

火災事件後、「たまゆら」の理事長は逮捕され、火災事件はやがて貧困ビジネスとしても大きくメディアで取り上げられました。しかし、亡くなった10人の方々については、メディアでは詳しく取り上げられることはほとんどありませんでした。その遺骨は、いまだに親族の引き取り手が現れていないものも多いのが現状です。私たちが現地で法要のため、故人の生前を偲ぶものを探しても、写真すら見つからない方も多く、ご近所の方が描いた似顔絵を祭壇に飾って対応したこともありました。つまり、火災で亡くなられた方々は、生前からほとんど写真を撮るような場や関係性がなく、家族との縁も切れていた結果、無縁仏となってしまったと推測されるのです。現在、「たまゆら」火災事件は既に風化し、人々の記憶から忘れ去られようとしています。10人の死は、私たちに何を残したのでしょうか?

「たまゆら」事件をきっかけに、10人の方の死を無駄にしないため私にできることは何だろうかと考えました。その結果、僧侶の私と志を同じくする葬儀社と共に生活困窮者の葬送を支援する「葬送支援ネットワーク」を私たちは立ち上げました。現在、葬送支援ネットワークの事務所には、引き取り手のない遺骨がたくさんあります。私たち「葬送支援ネットワーク」はお盆やお彼岸に法要を行い、定期的にお経をあげ、故人を弔う機会を作っています。無縁仏となった理由は様々ですが、最近多いのは「遺族が遺骨の引き取りを拒否するケース」です。確かに、たとえ家族であったとしても、生前から関係が希薄であった家族の遺骨をいきなり「引き取れ！」と言われても困るのが現状です。しかし、現実問題、遺骨を電車の網棚に置いてくるわけにもいきません。お墓を買うにもお金がかかります。また、遺骨を仮に引き取ったとしても、後継ぎとなる子どもがいなかったりした場合、いずれは無縁仏となります。困り果てた結果、どこか引き取って供養してくれる所はないかということになり、共同墓地を持つ私

引き取り手のない遺骨を納骨堂に収める筆者

たち「葬送支援ネットワーク」にお呼びがかかるのです。また、少子高齢化・核家族化が進行する中で、子どもがいない家庭、後継ぎがいない家庭は、自分自身の孤独死の心配とともに、自らのお墓の心配もしなくてはならないという二重の苦しみがやってきます。その苦しみに、私たちは耐えうるだけの「繋がり」を持っているのでしょうか？

現代は、自らの死を他人任せではなく、生きているうちからデザインしなければならない時代です。あなたが「家族に迷惑をかけたくない」と願い、ひとりで死ぬことを選んでも、あなたが借家で孤独死してしまった場合、大家さんから親族、もしくは保証人に対して損害賠償請求がされる時代なのです。物件を所有する大家さんにとっては、「事故物件」扱いとなり、資産価値が下がります。死は誰にでも平等に訪れます。家族・地域・会社などとの従来の縁が築けない場合、それらに代わる「新しい縁」の構築が必要ではないかと私は痛感しています。

■自死の現場から見えてくるもの

私は28歳の時、浄土真宗という宗派の住職資格をお預かりした直後から、病院の緩和ケア病棟（ホスピス）に就職し、末期がんの患者さんの看取り（ターミナルケア）に従事する中で、たくさんの患者さん達の臨終に立ち会ってきました。僧侶と日常的に接することがなく、信仰というものが持ちにくくなってきている現代、僧侶（宗教者）が死の臨床場面で患者さんや家族から必要とされる事は、そんなに多くはありません。しかしながら、患者さんの中には、看取ってくれる家族が誰もいない、死後の葬儀や納骨の世話をしてくれる人が誰もいないケース、いわゆる「身寄りのない方」も多く、その場合は、何故か私が多く患者さんの部屋に呼ばれました。そして、数多くの看取りに携わり、葬儀や引き取り手のいない納骨のお世話をさせていただきました。「○○が死んでも葬儀もしないし、遺骨もいらないから、あなたが代わりに処分して」という言葉を、私は家族から何度も聞かされる中で、私たちが一般的に持っている「家族・地域・会社」というイメージが確実に変化してきていることを痛感したのです。病院を退職後は、活動の場を、「死にたい」という自死念慮を持つ方々との面談・深夜の電話相談・手紙相談、自死遺族の支援、生活困窮者の葬送支援活動、孤独死防止の活動にも広げました。それら「生きる支援」を行うと同時に、一方で、たくさんの自殺者の葬儀、孤独死で亡くなった方の弔い、「行旅死亡人」の方の弔いなど数多くの葬儀の場に立ち会ってきました。死の臨床現場は、常に様々な問いを私に与えてくれます。次は、私がご遺族から了承を頂いている自死のケース3例をご紹介します。

(1) 40代男性　リストラ(失業)↓生活苦↓多重債務↓離婚↓うつ病↓自殺

責任感の強い男性。仕事をクビになったことを家族にも言えず、借金をくり返す。しかし、その借金が奥さんにばれて、離婚。その結果、うつ病を患い、半年後、電車に飛び込む。発見されたバッグの中には履歴書が入っており、最後までハローワークで仕事を探していたことが確認されている。葬儀後に娘さんから話を聞いたところ、病院の医師には借金のことを相談していたらしいが、債務整理等の問題を専門家に相談することは一切なかったとのこと。「借金の問題さえ誰かに相談できていれば、死なずに済んだのかもしれない」と奥さんは語っていた。

↓自殺予防に関する必要な情報（相談先）が、当事者に伝わっていないことが問題。また、病院から債務整理の問題を対処できる専門機関を紹介できていれば自殺は防げたかもしれない。うつ病の状態で生活保護につながっていれば（医療・司法・福祉が連携できていれば）助かったかもしれない。

(2) 30代女性

派遣切り→実家に戻る→家庭内不和→DV→うつ病→引きこもり→自殺

両親との折り合いが悪く、高校卒業と同時に実家を出る。しかし、仕事がうまくいかず、住むところも同時に失い実家に戻る。「いい年して、なんで家にいるの？ 早く働きなさい」等と両親から言われ続け、家庭内で居場所を失っていく。当時付き合っていた彼氏からは、失業をきっかけにDVがひどくなり女性の専門機関に相談に行くが、相手にしてくれなかったらしい。その後、精神科に通院。睡眠薬がないと眠れないようになる。対人恐怖症から引きこもりになり、1年後、自宅の部屋で首つり自殺。福祉の仕事をする父親、看護師の母親に対しての遺書が見つかった。

→仕事を失うと同時に、住まいも失ったケース。本人は社会福祉協議会が実施している貸付制度、ひとりでも入れる労働組合の存在すら、全く知らなかった。住む場所の確保、労働組合の存在だけでも知っていれば、自殺は防げたかもしれない。DVの問題も絡んでいる。

(3) 50代男性

会社の業績不振→職場の人間関係が悪化→過労→多重債務→生活苦→自殺

中小企業の経営者。不況で仕事がなくなり、職場の雰囲気が悪化。1週間家に戻らず、徹夜で仕事をするなど、オーバーワークが続いていた。資金繰りで多重債務に陥り、取引先からも信頼をなくし「迷惑をかけて申し訳ない」と周囲にさかんに漏らしていたという。会社の社員が「会社の債務の件は弁護士に相談してみてはどうか?」と持ちかけたが、「弁護士は敷居が高いし、お金がかかる」と言い、相談することはなかった。夜眠れないと家族には漏らしていたが、病院に行くこともせず、突然行方不明に。数日後、子どもとよく遊んだ自宅近くの公園の駐車場に停められた車内で練炭自殺。遺書は3通。会社の社員へのお詫びと、妻への感謝の言葉。そして、体に障がいを抱えている子どもへ。最後まで周囲に気を使う優しい人だったと皆が葬儀の席で語っていた。

→誰にも相談できずに(せずに)、ひとりで逝ってしまった事例。男性の中高年の自死で最も多いパターン。相談しやすい環境作り、周囲のサポート体制の確立が必要。

◎対策

複数の問題を抱えた人がいても、その人がどこかの相談窓口にさえたどり着けていれば、いい意味で芋づる式に、そこを皮切りにして、その人が必要としている様々な支援策にたどり着ける環境作りが急がれる。また、残された遺族が安心して辛い気持ちを語れる場が必要。ひとつの問題が発生した時に、その連鎖の悪化を食い止められないことが大問題。もはや自殺対策というより、「生きる支援」「いのちへの支援」と言った方が適切かもしれません。

■痛みや傷を縁として、新しい繋がりを

私は自死遺族限定の分かち合いの会の集いと自死者追悼法要を仲間と共に行っています。自死遺族限定の分かち合いの会ではルールがあります。


「話したくない時は、話さなくても構いません」

「聞いたことは、外部には漏らしません」

「痛みは人によってそれぞれ違います。悲しみ比べをしません」

「相手の話を最後までよく聞き、相手を尊重します」

それらのルールに則り、お互いの話を聞き、自分の感情を思う存分語れる場を作っています。今の社会の中で「家族が自死した」とは、そう簡単に言えることではありません。まだまだ自死に対する偏見や差別は根強く残っています。自死遺族から「自殺した○○は、成仏できているのでしょうか」「自死という死因が近所や学校に知れたら、もうここでは生きていけません」という言葉を私はよく聞かされます。そのたびに自死問題への社会的偏見から、遺族が追い詰められている現状を痛感します。また自死を隠すことで、かえって問題の根は深くなるということも感じています。だからこそ、当事者発言で声を上げることの難しさもあり、なかなか自殺対策が進まないようにも私には見えます。しかしながら、悲しみを思う存分語り合える場こそは、家族・地域・会社といった繋がりを超えた「第四の縁」とも言えます。分かち合いの会では、毎回遺族たちは互いに涙を流しながら、他者の話に耳を傾け、自分の想いを語ります。会が終わると、参加者の多くは「他の場所では、こんなこと言えないしね」と言いつつ、またそれぞれの持ち場へ笑顔で帰っていかれます。分かち合いの会には、今の社会にはない「ゆるやかな繋がり」と「居場所」があるのです。

一方で、私の元には、年間数百件の「死にたい」という自死念慮者の方々からの相談があります。自死の要因は、うつ病・過労・多重債務・親の介護疲れ・失業など、複合的な原因が重なり合った末に起こっていることが既に専門家の調査から分かっています。従って、私は相談者からの問題を聞きっぱなしではなく、問題を整理した上で、適切な専門家へと繋げています。しかし、個人レベルでそれらの問題に対処できても、うつ病の患者を治療している医師の多くが、その患者の背景にある死にたい要因（例えば多重債務）に気が付いた時、直ぐに専門の弁護士などに繋げているケースはほとんどないというのが実態です。現在、内閣府は、「パーソナルサポートシステム」を推進しています。パーソナルサポートシステムとは、支援者が、問題を抱える相談者の話を丁寧に聞いた上で、伴走的コーディネーターとなり、複数の専門窓口に寄り添い、付き添い支援をしていくことです。このパーソナルサポートシステムは、若者の就労支援などがメインのようですが、自殺対策にも応用できると私は考えています。そして、かつては相談者だった人が、いずれは支援者に回るということも発生してくれれば、同じ痛みを抱える者同士が、痛みや傷を縁とした繋がりができるのではないでしょうか。薬物依存・アルコール依存の自助グループ等では、かつては当事者だったという方が支援する側に回っている事例も多数あるのです。このパーソナルサポートシステムの仕組みを社会全体で認め合い、支えていくことができれば、自殺も減らせるのではないかと私は思っています。

東日本大震災の現場から

■我が子を喪った母親の言葉

２０１１年3月11日は、日本の歴史に間違いなく記憶される日となりました。震災から１週間後、私は亡くなった友人の死を弔うため、被災地の宮城県の某体育館にある遺体安置所に向かいました。津波で亡くなった友人Ａの遺体は毛布でくるまれていました。当時はまだ柩もなく、体は泥にまみれていました。そして友人Ａのすぐ隣では、数え切れないほどの遺体が広い体育館に所狭しと安置されていました。遺体の上には、手書きで「溺死」「焼死」などと書かれた紙が、ガムテープで毛布に貼り付けられていました。小さな毛布にくるまれた遺体は、子どもさんでしょう。何とも言えない感情が込み上げてきて、涙がとめどなく溢れてきました。この震災で亡くなった約2万人の方々には、それぞれにお名前があり家族があり、かけがえのない人生があったのです。震災で2万人が亡くなったと捉えるのではなく、ひとりのかけがえのない人生が2万件喪われたと捉えるべきです。一人ひとりの個別の死に思いを寄せて、それが自分だったら、家族だったらと考える想像力が今、私は必要だと思うのです。

上／宮城県石巻市立大川小学校前。津波で多くの生徒さんが流され、遺族が手を合わす前で読経する筆者（前列中央）

下／石巻市の高台から（2011 年３月末）

その後、仲間の寺院からの依頼で、被災地の火葬場へ読経ボランティアに駆けつけた時のことです。小さな小学生の子どもさんの火葬の場面に立ち会った時のことは、今でもはっきり覚えています。その時は、火葬場の職員までもが涙ぐんでいました。その場にいた誰もがこみ上げてくるものを我慢できずにいました。あまりにも理不尽な死に対して、誰もが言葉を失っていました。これからいよいよ小さな棺が釜に入れられ、荼毘《だび》にふされようとした瞬間でした。その場にいた全員で柩にお花を入れ、最期のお別れをしました。私の読経が終わり、柩の蓋が閉められ、いよいよ火葬されるという、その時です。子どもの母親が「もう一回、柩の蓋をあけて」と言いだしたのです。誰もがその声に圧倒され、何も言えず立ち尽くしていると、母親は柩の蓋を無理やりあけ、我が子に向かってこう叫んだのです。「こんな所で何やっているのよ。起きなさいよ。学校に行く時間でしょう」そう言い終わると、柩にすがりつき、泣き崩れてしまったのです。親族の方が駆けつけると「触らないでー」と、ものすごい目つきで睨み返す母親に対して、その場にいた誰もが何も言えず、ただ愕然と立ち尽くすことしかできませんでした。その場にいた誰しもが言葉を失い、ただただ状況を見守ることしかできませんでした。私もかける言葉が見つからず、ただただ涙が溢れてきて、それを拭うのに必死でした。それからどのくらい時間が流れたのでしょうか？　火葬場の職員の度重なる呼びかけにようやく観念したのか、その母親はやっと柩から離れ、放心状態のまま、親族に抱かれるように倒れこんでしまいました。

その後、火葬場の控え室へ向かう人たちは皆一様に無言でした。あまりにも若すぎる理不尽な「死」に対して、やり場のない悲しみに打ちのめされているようでした。火葬場の控え室で、お孫さんの成長を楽しみにしていたであろう初老の男性が呟いた「人生とは何て不公平なんだろう」、そう苦しそうに呟いた言葉を私は忘れることができません。私も、この想いを一生背負って生きていかなければという気持ちになりました。

そして震災から約5カ月過ぎたころです。私がお見舞いのお手紙を出したところ、なんとその母親から返事が来たのです。手紙にはこう書いてありました。「息子の死は、私に深い傷を残しました。今もまだ、心にぽっかりと穴が開いたようで、何だか苦しくて仕方がないのです。この痛みは、一生、消えることはないでしょう。他の家の子どもを見ると、正直、腹立たしい気持ちになります。何が悲しいって、子どもと一緒に過ごした時間まで、何もかもが奪われてしまったことが何よりも悲しい」、そう書かれていました。しかし、最後には力強い字で「中下さん、息子の死を忘れないでね。息子の分まで、あなたが精一杯生きてあげて。そして人の痛みの分かる人になって下さいね。いのちを粗末にしないで下さいね」、そう書かれてありました。その言葉から、「限りあるいのちを、精一杯生き抜いて欲しい」という「願い」を私は感じたのです。まさに「いのち」のバトンタッチが行なわれた瞬間でした。

■生まれてきてよかったと思える社会の実現を！

震災から時間が経つにつれ、ボランティアや支援の熱は徐々に冷めてきました。しかし、国内はもとより、東日本大震災が起こった直後から、世界中の国々から支援の輪が広がりをみせたことに対して「無縁社会」がまるで嘘のようだと感じた方も多いのではないでしょうか？　今まで目に見えにくかった「縁」が、ボランティアや支援という形を通して、はっきりと可視化できるようになり、復活したと言えるでしょう。震災直後、駅前で募金の呼びかけをする学生たちを、私は至る所で見かけたものです。しかし、ここにきて原発事故処理による「汚染地域」への仕事の勧誘が「寄せ場」と呼ばれる地域で増加傾向にあること、また、震災を理由にした露骨な派遣切りや解雇といった問題も露呈されてきています。そして、日本中で自殺や孤独死がなくなった訳ではありません。むしろ震災後の２０１１年5月の自殺者数は都市部を中心に３３２９人と、昨年比で19・7％も増加しています。生きづらさが消えてなくなった訳ではなく、震災前からある無縁社会の問題も解決された訳ではないのです。さらに、震災を理由に、今まで社会の中で孤立し、声を上げづらかった立場の人がさらに追い詰められるケースもあります。

被災地では「私が代わりに死ねばよかった」という声をよく聞きました。自分だけ生き残ってしまったと自らを責めているのです。その言葉の背景には、「自分なんか役に立たない」「生きていても仕方がない」という気持ちが込められているように私は感じるのです。自分が誰かから必要とされている、自分は社会の役に立っていると感じられれば、「私が代わりに死ねばよかった」という発言には繋がらないのではないでしょうか？　しかし、自分の存在を疎ましく思ってしまうが故に、そのような発言が出てきてしまうのです。

人間とはひとりで生まれ、死んでいくという意味で、本質的には「孤独」な存在であると私は思っています。しかし私が危惧するのは、孤独よりも「孤立」の方です。孤立とは、正月に年賀状が1枚も来ないなどの、社会的な繋がりがない状態を意味します。ひとり誰にも看取られずに部屋で亡くなることを「孤独死」と一般的には呼びますが、私は「孤立死」と呼んだ方が良いと考えています。その孤立死の現場に数多く立ち会ってきて感じることは、人間にとって最も辛いことは「誰からも必要とされないこと」ではないかと私は考えています。人は適度に誰かから必要とされることで、生きがいを取り戻すことができるのではないでしょうか？　しかしながら、自分の存在が社会から全く必要とされていない、自分は役に立たないという考えに押しつぶされた時、人は自分が生きている意味を見失いがちになるのではないでしょうか？　その結果、自分自身との繋がりや社会との関わりを拒否し、自己肯定感の持てない中、ひとり孤立した状態の中で、誰にも看取られず亡くなっていく人が出てくるのではないか？　そんな気がしています。

私たちは何らかの役割を抱いて、この世に生を受けたはずです。人は「この世に生まれてきてよかった」「いい人生だった」「幸せな人生だった」と心から思えれば、自ら命を絶ったりはしないはずです。しかし、自殺が14年連続で3万人を超えていることは、今の社会の在り方が根本的に間違っていることの証拠ではないでしょうか？

古代ローマの政治家ユリウス・カエサルは「多くの人は、見たいと欲する現実しか見ていない」と言いました。被災地では今、目を背けたくなるような現実が広がっています。そして復興には長い年月と莫大な費用がかかるでしょう。それでも私たちは現実を直視する勇気を持たなくてはならないのではないでしょうか？　この震災で亡くなっていかれた方々の死を無駄にしないためにも、私たちは今こそ「死」を通じて、「生きる」ということ、「命」について、そして「社会の在り方」そのものについて、真正面から考え直すべきではないでしょうか？　私たちの今ある繁栄は、誰かを「踏み台」にして成り立ってきたとも言えます。その想像力の欠如こそ今、もう一度、自らに問いただすべきではないでしょうか？　私たちは今、そんな正念場を迎えているのです。

2時間目

希望のもてる社会をめざして
―多重債務と反貧困運動―

宇都宮 健児
弁護士、反貧困ネットワーク代表

多重債務の問題に取り組むまで

私は愛媛県東宇和郡の明浜町田之浜という漁村で生まれ、そこで育ちました。今は町村合併などで西予市の一部となっています。200戸くらいの家がある小さな漁村で、私の父親は半農半漁、1年の半分くらいは漁業をやって1年の半分は農業をやる。漁業と言っても櫓でこぐ船、伝馬船で一本釣りをして、釣った魚を売ってお金に換えて生計を立てていました。下に妹が生まれて、そういう生活ではやっていけなくなりまして、私が小学校3年の時に愛媛県と海をへだてた向かいにある大分県、国東半島の山の中に開拓農家として入植することになりました。私が後年弁護士になり、多重債務や貧困の問題に取り組むようになったのも、こうした幼いころの記憶にある父母の姿や育ち方もどこかで関連しているのかもしれません。

1970年代の終わりごろ、日本ではサラ金が大きな社会問題になってきました。「サラ金」は「サラリーマン金融」の略語。こういう業者は、当時法的な規制がなかったので、大体年100％もの高金利で貸していたんです。つまり、50万円借りたら1年間で50万円の金利が付き、元本が倍になる。しかも、さらに返済が滞った債務者に対する暴力的・脅迫的取り立てにより自殺や夜逃げが多発して大きな社会問題になっていたんです。そういうサラ金から借金して行き詰まった人が弁護士会の相談窓口に押し寄せていた時代でした。

大体、サラ金からお金を借りている人は1社だけじゃなくて10~20社、多い人は50~60社から借りている。そういうサラ金事件を受けると弁護士だって事務所に「ボケ、カス、この野郎、宇都宮おるか！」という電話がかかってくるわけです。「お前、代理人なら金払え！　金も払えないなら、代理人を降りろ！　俺達が、直接回収するから」。

また、相談者はお金がないからサラ金に手を出すわけで、相談を担当した弁護士の多くが弁護士費用をもらえるか心配ということで、皆たらい回しにしちゃうんです。受ける人がいないので、弁護士会の職員も苦情を言われる。「なんとか弁護士さんを紹介してくださいよ。せっかく助けてもらえると思って弁護士会に行ったのに」。それで弁護士会の職員が、誰か受けてくれる弁護士がいないかなと思っていた時に、「そういえば8年間イソ弁をやってて、別の事務所を探していた暇な弁護士、あの宇都宮さんなら田舎から出てきた感じで、人がよさそうだから、受けてくれるんじゃないの」と私のところにどんどんサラ金事件を回すようになってきた。しかし、引き受けてみても、やり方が分からない。同僚や先輩の弁護士に電話を掛けまくって、「こういう事件受けたんだけど、あなたやったことある？ どういうやり方をしているか教えてよ」。しかし皆、「いや、やったことない」と言うんです。当時は全く新しい事件だったわけです。

仕方がないので、相談者と一緒にサラ金の店舗を一軒一軒回って、「私が今日からこの人の代理人になったから、もう取り立てしないでください、なんかあったら私に言ってください。それから、おたくはこの人にいくら貸していくら返してもらったか明細書を出してもらえませんか」という交渉をサラ金の店舗でやっていたんです。サラ金の社員は、「弁護士なんか関係ねえ。おれたちは取り立て係だから。明細書なんか出す義務はねえ」と。「いや、出してくださいよ」。出せ、出さないとやりあうわけです。そういう弁護士は当時少なかったらしい。「宇都宮さん、若いのに見込みがある、将来、うちの顧問になってくれ」とサラ金から言われたことまであります（苦笑）。

依頼者からは、夜中の12時でも電話がかかってくる。「今、サラ金の社員が取り立てに来てます。もう子供たちを寝かせなきゃ、明日学校があるのに。先生、追い返してください」。それで電話に出て、「なんだ、こんな夜遅く。人権侵害じゃないですか。帰りなさい」。帰れ、帰らないとやりあってやっと追い返したらまた朝6時頃に、「先生、今度は別のサラ金の社員が来ています。これから朝ごはん用意して、主人を会社に行かせなきゃいけないのに。帰ってくれない。追い返して」。で、眠い目をこすりながら、またやり合うわけです。「朝っぱらから何ですか。人権侵害じゃないですか」。中には、サラ金の社員も、「俺達だって好き好んで取り立てに来てるんじゃない。店長から金取って来るまで帰るなって言われて来てんですよ。先生がそう言うなら、店長と話をしてください」。「それなら店長の電話番号を教えてください」と言って店長とまたやり合う。サラ金の社員から「ありがとうございます。これでやっと帰れます」とお礼の電話がかかってきたことも（苦笑）。こういうやりとりを毎日のようにやっていたんです。

弁護士に対しても「ボケ、カス、この野郎」ですから、私の事務所に相談に来る人たちは、毎日毎日取り立てを受け、顔が青白く頬がこけ、睡眠不足で眼が充血しているんです。着る物も、心なしか生活に疲れたものを着ている。中には自殺を図って、手首に切り傷が残っている人もいました。そういう人が弁護士会から紹介されてきます。けれど、弁護士がつくと、弁護士のところにガンガン電話がかかってくるようになり、その分だけ本人の方に電話が行かなくなっていく。そうすると2、3週間くらいして、打ち合わせのために面会すると、目の充血が治って、青白くこけていた頬が心なしかふっくらして赤みが出ている。こういう体の変化まで明確に現れるので、これは人の命がかかっている重要な事件であると思えて、すごくやりがいを覚えてきました。相談に来られるのは中高年で家庭を持っている人が多いので、ちょうど、開拓農家として朝から夜遅くまで働いていた私の両親の顔と重なって見えるんです。サラ金から借りている人は、毎月10万、20万と返済に充てているんですが、弁護士がついて取り立てが和らぐと生活が改善され、収入の中から生活費を除いて3万、4万と返済に充てられるようになる。その中の5000円とか1万円を弁護士費用として分割でもらうようにしました。弁護士会の職員は、ああ良い人が見つかった、ということでどんどん私のところに紹介してくる。でも10人引き受けると相手先が100社、200社になって、へとへとになる。とても体が持たないので、サラ金専門の相談窓口を作ろうと思い弁護士会の委員会活動に参加するようになり、1980年2月に初めて、一般の相談窓口とは別にサラ金専門の相談窓口を作ったわけです。そして1983年の4月に「サラ金規制法」という法律が成立し、11月1日から施行され、マスコミもやっとサラ金問題に関心を持つようになりました。

なぜこの法制化の運動をやるようになったかというと、当時、相談窓口を訪れる人はサラ金から借金を抱えている人たちのごく一部だということが分かってきたからです。今でもサラ金（消費者金融）の利用者は1300万人以上いると言われています。日本の人口は1億2700万人くらいですから、だいたい10人に1人がサラ金から借金しており、そのうちの200万～300万人が返済に行き詰まっていると言われています。弁護士会や司法書士会、あるいは法テラスなどにアクセスできている人は2、3割位だろうと言われています。

多くの人が相談窓口に行かない一番の理由は返済に行き詰まっている人のところへ、相談窓口等の情報が届いてないということです。アコム・アイフル・プロミス・レイクと言えば、駅前には地方都市でも看板があるし、街中には無人契約機があるし、皆知っている。他方、借金で行き詰まった時にどこに相談したらいいかという肝心な情報を、学校の授業の中では教えてないんです。

当時、相談を受けたあるサラリーマンは、108社から1億3000万円借金をしていました。有名な会社の部長さんで51歳。A社には2万円、B社には3万円というように、108社のサラ金に毎月700万から800万円返していました。そのサラリーマンの勤務先はけっこう良い会社だったので、月収は手取りで50万円くらい、夏冬ボーナス150万円ずつ。サラリーマンとしてはいい方なのですが、なにせ毎月の返済金が700万、800万ですから、ボーナス時だって焼け石に水なんです。神田駅の近くにたくさんサラ金が入っているビルが林立している。我々はそこを「サラ金銀座」と呼んでいますが、そこで借りて返す、借りて返すを14、15年間続けた結果、108社1億3000万円になったわけです。返せっこないということをサラ金は分かっているにもかかわらず貸します。なぜかというと、109社、110社目から借りさせて返せばいいという考えなんです。そして返せない時は夜討ち朝駆けの過酷な取り立て。私たちは高金利・過剰融資・過酷な取り立てを「サラ金三悪」と考えて、これを規制する運動をやっていきました。

１９８３年にできた法律により、開業規制が強化され、サラ金は登録をしないと営業できなくなりました。それから取立規制の強化。夜９時以降、朝８時以前は取り立てをすることができなくなりました。また、弁護士が間に入った時は直接取り立てができないような制度も導入されました。

さらに金利規制。サラ金からお金を借りたり、クレジットカードからキャッシングする場合、日本はその金利を青天井で取っていいわけではないのです。これ以上取ると処罰されるという金利を決めている法律を「出資法」といいます。それから、これ以上の金利を取ると超過部分は無効になりますよという法律を「利息制限法」というのですが、利息制限法には罰則がありません。私が１回目の事務所をクビになって弁護士会の職員からサラ金事件を紹介された時は、出資法の上限金利は年１０９・５％で、それ以上の金利を取ると処罰されるので、当時のサラ金は年１００％くらいで貸していたわけです。この「利息制限法」と「出資法」の間の金利のことを「グレーゾーン金利」といいますが、ついに２００６年12月「グレーゾーン金利」を撤廃する貸金業法の改正がなされました。この結果、利息制限法の制限金利を超えた貸付けができなくなり、年収の

3分の1を超える貸付けも禁止されました。過剰融資の規制ですね。サラ金三悪にやっと網がかかりました。

もちろん法改正をするにあたって、サラ金業界は抵抗。また当時の小泉・竹中路線では新自由主義・市場原理主義的な政策、規制緩和政策が取られていたので、規制を強化するのに抵抗が強かったんです。

こういう抵抗があったにもかかわらず規制強化できたのは、その背景に、多重債務の被害が広がって、自殺や夜逃げなどの深刻な社会問題があり、それを解決しなくてはいけない。そのためにはやはり規制の強化が必要だということが国民の支持を得たということです。

「サラ金三悪」に網をかけることができ、これでもう終わりかと思ったのですが、だんだん気付き出したのは、なぜ皆高利のサラ金に手を出すかというと、生活苦とか低所得など貧困が原因なんです。２００８年の調査記録によれば、なんで破産したのか、なんで借金したのかというと、生活苦とか低所得とか病気、医療費、失業、転職、給料の減少などなど。よく言われるギャンブル・遊興費などはごくわずかです。

自己破産者の月収の分布では、月収20万円未満が8割近くを占めています。破産の申し立てをして免責決定を受けると借金からは解放されます、自己破産や個人再生、特定調停、任意整理などにより債務整理をすると信用情報機関に登録され、5年から7年間はサラ金やクレジットの利用ができなくなります。さらに銀行からもお金を借りられなくなります。しかし、いくら破産申し立てをして免責決定を受けても、低所得の人が高所得になるわけではないし、失業している人が急に就職できて収入が得られるわけではないのです。

こういう人たちは自己破産しても生活が苦しいので、こういう人をヤミ金が狙っています。ヤミ金は、大体年1000%から1万%の金利でお金を貸し、暴力団の資金源になっています。借金の整理だけでなく、そのあとの生活の改善をしていかないと根本的な解決にならないということにだんだん気付いてきました。

また、私たちは世界各国の消費者金融事情を調査していく中で、2000年にドイツ・フランスの調査をしたんですが、そこでは日本のようなサラ金・ヤミ金の問題は全く存在しないということが分かったんです。ドイツやフランスは銀行が消費者金融をやります。銀行からすら借りられない低所得者に対してはセーフティーネットがしっかりしている。したがって、高利貸しは存在しない。こうした社会もあるんだということに気付いたのも貧困問題に取り組むきっかけになりました。

貧困対策が同時に必要な訳

貧困問題に取り組むようになったのは、湯浅誠さんと出会ったこともかなり大きいんです。1998年から日本の自殺者は年間3万人を超えるようになり、その内、経済生活苦による自殺は大体7000人から8000人くらい。その中には多重債務者もかなり含まれています。私達は2007年ごろから富士山のふもとの青木ヶ原樹海で自殺防止の看板の設置運動をやりました。「借金の問題で死ぬことはありませんよ。かならず借金問題は解決できます」。という看板設置運動をやった結果、2010年の9月までに、1万5399本の電話がかかってきました。その内、自殺しようと思い実際に樹海に入り看板を見て電話をかけてきた人は97人。こういう自殺防止の運動をやっています。

また多重債務者の中には、サラ金業者などの取り立てを苦に夜逃げをした結果、路上生活者となる人がたくさんいます。東京、大阪、名古屋などの都市部には路上生活者が多いので、私達は5、6年前から路上生活者への炊き出しをやっているグループと連携して、炊き出しの現場で無料の法律相談をするようになりました。そこで「もやい」というNPO法人で路上生活者の支援をしていた湯浅誠さんと出会いました。そういうような出会いから、２００７年の10月に「反貧困ネットワーク」を一緒に作ることになります。

２００７年当時は貧困の問題ってまだあまり取り上げられなかったんです。ところが我々の多重債務相談の現場や、湯浅さんたちのホームレス支援の現場では、貧困がどんどん広がっていました。昔はホームレスと言ったら高齢者が多かったんですけれども、最近では若い人が路上生活を余儀なくされていて、家族連れまで出てきている。そういうことをなぜマスコミは取り上げないのか、政治は取り組まないのか、我々としては非常に疑問でした。そこで、貧困を可視化し、目に見える形にできないかということを考えて「反貧困ネットワーク」を結成したわけです。当時は、小泉・竹中路線すなわち新自由主義・市場原理主義的な政策がとられる中で、格差が広がってきていて、格差の問題がよく議論されていました。国会でもよく野党が小泉首相に対して、格差が広がって問題じゃないかと追及していましたが、小泉首相は「努力した人が報われて当たり前じゃないか、格差があって何がいけないんだ」という答弁をよくしていました。

政治家は皆、貧困が広がる現状を見たらだれも「良い」とは言えないはずなんですが、当時は貧困が広がってきているという認識も議論もなされていなかったんです。竹中さんもＮＨＫの番組で、「自分は貧困があってはいけないと思う、だけど日本においては貧困はなくなっている」と言っていました。だから我々としては貧困が広がっているという事実をいかに可視化するかが重要と思い「反貧困ネットワーク」を作ったのです。

貧困を可視化させる運動で一番成功したのが「年越し派遣村」の取り組みだったと思います。2008年秋にリーマンショックがあって、日本でも全国各地で派遣労働者が解雇されました。そして職を失うだけでなく住まいも失って野宿を余儀なくされる労働者がたくさん出てきたんです。何とかしようと労働組合の皆さんは労働者派遣法の抜本改正を訴えていたんですけれども、その集まりで「派遣法改正は重要だけれど、今、派遣切りされて野宿を余儀なくされているたくさんの労働者に手を差し伸べなくていいのか」という議論になった。特に年末・年始は役所が閉まってしまい、年を越せない人が出ている。命も危ない。我々の手でやれることをやろうということで始まったのが日比谷公園で開設した年越し派遣村なのです。

それこそ所持金が数百円しかない、中には所持金ゼロの人もいる。お腹ぺこぺこで水道の水を飲んで3日くらい過ごしたとか、茨城や静岡から電車賃がないので歩いて派遣村まできたとか。中には自殺を図ったが未遂で終わって、保護されて警察官が年越し派遣村まで連れてきたというケースもありました。派遣村の村民505人に対して1700人近くの人がボランティアで参加して、手を差し伸べてくれた。おそらく、そういう人たちがバラバラにいた場合、あれだけマスコミも報道しなかったんじゃないかと思いますが、霞が関近くの日比谷公園に仕事を失うだけではなく住まいも失い野宿を余儀なくされている人たちがたくさん集まったことで、経済大国の日本で貧困が広がっている事実が明らかとなり、大きな衝撃を与えたんじゃないかと思います。まさに貧困が目に見える形になったということです。

現在、「反貧困ネットワーク」は20都道府県くらいで結成されています。こうした貧困問題に取り組む中で、日本の社会が大変な貧困大国になっているということが改めて分かりました。

２００９年10月、日本政府も初めて全国民の中で所得が少なく生活が苦しい人の割合を示す「相対的貧困率」を発表しました。全国民の貧困率が15・7％というのは国民の６人に１人が貧困状態にあるということです。子どもの貧困率は14・2％、７人に１人の子どもが貧困状態です。また、ひとり親世帯の貧困率は54・3％、つまり２世帯に１世帯が貧困状態、ＯＥＣＤ加盟30カ国中最悪だということが分かりました。

もう一つ、「反貧困ネットワーク」で貧困問題に取り組む中で見えてきたことがあります。日本の政府は、経済成長をすることが国民生活を豊かにすることにつながるという神話に基づいた政策をとってきました。経済成長、成長戦略ですね。リーマンショックの直前は、実は日本は戦後最長の好景気が続いていたんです。しかし国民はほとんどそれを実感していない。どういうことかというと、企業だけが成長したんです。トヨタ自動車はＧＭを抜いて世界最大の自動車会社になり、過去最高の利益を上げた。その間労働分配率は下がってきていますから、労働者の収入は増えていない。おまけに１９９０年代以降非正規労働者がどんどん増え、年収２００万未満のワーキングプアが１０００万人を超えるようになってきていますから、ＧＮＰが増えることによって国民生活が豊かになるという神話はふっとんじゃっているんです。だからＧＮＰを増やすだけではなく社会の豊かさを図る別の指標をもつべきじゃないかと考えたのです。そして、貧困率をちゃんと調査したうえで貧困率の削減が国民生活を豊かにすることにつながるという提案をして、それを民主党政権は取り上げて初めてわが国の貧困率を発表しました。ただ我々はもう一つ、5年後10年後に貧困率を何％に削減するのか目標を立てて、そのために雇用、労働、教育、介護、年金など、貧困率削減達成のための総合的政策を立案し実行するべきだと提案したんですけれど、民主党政権では残念ながら貧困率の削減目標はまだ立てられていません。

こんなにも貧困率が高くなっている背景にあるのは、やはり日本の社会保障制度が極めて脆弱であることと、１９９０年代以降に働く貧困層が拡大したことが大きな要因になっているのではないかと思っています。憲法25条で「健康で文化的な最低限度の生活」を保障して、それを制度的に保障しているのが生活保護制度なんですが、生活保護制度の利用率は極めて低いんです。生活保護水準以下の世帯で生活保護を受けていない未受給の世帯は229万世帯あって、これは生活保護水準以下の世帯の7割近く、10人いたら3人しか生活保護を受けていないということです。受けていない原因はいろいろ考えられますが、教育の問題は大きいと思います。中学・高校、まあ大学でも憲法25条は教えても生活保護の受け方を教えていない。どこにどういう書類を提出すればいいのかなど、実践的なことを日本ではほとんど教えていないということが大きいと思います。また行政としても生活保護に関する情報を提供しようとしていない。イギリスとかドイツは、同様の制度の利用率はイギリスは約87%、ドイツは85~90%となっています。こういう貧しいわが国の社会保障制度を補完してきたのが家族や地域社会の助け合いや、企業内の福利厚生でした。ところがこのところ家族も核家族化してバラバラになったり、地域社会のつながりも失われてきています。企業も日本的雇用の特徴であった年功序列・終身雇用制度がグローバリゼーションの中で国際競争に対応しなくてはいけないということで崩壊し、コスト削減で福利厚生もカット、最後には社員も正社員から非正規に変えていくことまで行われてきましたので、今まで社会保障制度の不備を補完していたところが非常に弱体化していき、社会保障制度の貧困がむき出しになってあらわれるような社会になってきました。

ちなみに私が30年間取り組んできた多重債務問題、クレジット・サラ金問題は国の社会保障制度の不備を高利貸しが補うシステムと言えます。貧困な人は高利貸しに一時的には救われるけれど、高金利の取りたてで借金地獄に陥り、ますます貧困化が促進されてしまいます。私は今の貧困問題の特徴は「経済の貧困」に加えて「関係の貧困」、つまり貧困に陥った人が社会的・人間的に孤立していることに大きな特徴があるんじゃないかなと思っています。厚労省の発表によると、この間、派遣切りや雇い止めで職を失った非正規労働者は数十万人くらいに上ると言われています。こういう人たちが皆職を失って野宿をしているわけではなく、多くの人は実家に帰って、そこで一息ついて就労活動をやっている。それから親しい友人がいる場合は、友人のアパートに転がり込んで居候して一息つく。

ところが派遣村に来た人たちは帰る家がない。また実家があっても帰るに帰れない。帰っても自分の居場所がない。受け入れてくれる家族がいない。友達の家に転がり込むにも友達がいないというように、孤立しているんです。貧困問題を克服するには経済的な問題だけではなくて、「関係の貧困」も見ないと根本的な解決にならないんじゃないかなと強く感じています。２０１０年の流行語大賞ではＮＨＫの「無縁社会」という言葉が大賞になりましたが、貧困問題とつながっている問題じゃないかなと思っています。

関係の貧困の問題を強く感じさせられた出来事があります。千葉で運転手をやっていた44歳の男性は持病が悪化して会社を辞めざるをえなくなり、車の中で生活。そのうちサラ金の借金が150万円くらいになって家族とも疎遠になり、生きていく展望をなくして自殺を考えて青木ヶ原の樹海をさまようんです。2週間さまよって死にきれなくて、右足も壊死状態になっていたところで警察官に保護され、多重債務者の被害者の会「太陽の会」を紹介されました。しかし「太陽の会」のある神田駅までたどりついたが、力つきてぱたっと倒れちゃうんです。救急車が呼ばれ病院に入院、足の手術そしてリハビリもして退院。被害者の会の支援で彼は生活保護も受けることができました。

1回死のうと思ったけれど、青木ヶ原樹海から生還し、皆に助けてもらってこれから頑張りますというような報告をしてもらったら、多重債務者を支援しようとしている様々な団体がさらにやる気になるんじゃないかと思ってこの人を弁護士会のシンポに呼んだんです。ところがこの人、壇上に登る時から表情も暗い。手術したばかりなので右足を引きずりながら壇上に上がって、マイクの前でとつとつと自分のこれまでの体験を話すのですが、最後に、自分のこれからの生き方について「4つの選択肢があります」と言うんです。私は、1番前の席で聞いていて、何を言うのかなと身を乗り出して聞いていますと、1つは「仕事を見つけて普通の生活をする」ということです。が、2つ目は「ホームレスになる」、3つ目は「犯罪を犯す」、4つ目は「もう一度自殺する」と言うんです。「この4つの中でどれを選択するか、まだ決まっていません」と言って壇上を降りて行かれました。会場はシーンとなって、もうなにも言えなくなりました。

私が期待した話と全く逆の話でショックだったんですが、そのとき考えさせられたんです。確かに彼は一命を取り留めて、多重債務者の被害者団体の支援で生活保護を受けることになり、雨露凌ぐ住まいを手に入れ、三度三度の食事はできるようになりました。だけど考えてみると彼はひとりぼっちなんです。家族も友達もいない。これからどう生きていくかという展望もない状況だなということに気がついたわけです。これはよくホームレスや路上生活者を支援する人から聞くんですが、なんとか路上生活から抜け出させてあげたいと思い支援者が支援して、生活保護を申請しアパート暮らしを始めたとたんに体調を崩す人が出てくるといいます。かえってホームレスの方が元気。なぜかというとホームレスの人はお互いに助け合っていることが多い。風邪を引いたときは大丈夫かと声をかけたり、しょう油などがない時はお互いに貸し借りをしたり。ところが生活保護を受給することになりアパート暮らしを始めると独りぼっちでだれも声をかけてくれない。

先ほどの男性の事は、私もものすごく気になっていたんですけれども、その4、5カ月くらい後に茨城県の古河市というところでヤミ金のシンポジウムがあり、私は講演を頼まれたのですが、会場にこの男性が来ていたんです。多重債務者の被害者の会の人と一緒に来ていたんですが、けっこう明るくなっていて笑顔が見える。被害者の会の人に彼のことを聞いてみました。被害者の会は、サラ金から借金して一度は死のうかと思ったような人が借金を整理しながら生活を再建するためお互い助け合っている当事者の集まりなんですが、彼はひとりでいるのはあまりにも退屈なので、ある時被害者の会に顔を出してみたら、電話はジャンジャンかかってくるし、コピーを取ったりFAXを送ったり皆忙しそうにしている。自分もちょっとコピーを取ってあげたり、お茶を汲んであげたりしているなかで、自分と同じ借金を抱えて1回は自殺を考えた元多重債務者の相談員と知り合いになり、皆でごはんを食べたりしているうちに親しく話せる人も出てきたわけです。また、たまに相談に来る多重債務者の話を聞いてあげると、「ありがとう」と言われる。彼は普段、他人に感謝されたことがほとんどない。自分でもこういう人の役に立てるのかということで、だんだん被害者の会に参加するのがおもしろくなって入り浸りになっちゃう。彼はそれまで独りぼっちだったのに、被害者の会で新しい家族友達を見つけることができたんです。そして自分なりに同じように苦しんでいる人の話を聞いてあげたり、なんらかの役に立つことをだんだん自覚できるようになってくる。単に路上から脱出するために生活保護をとって経済的に支援するだけでは、人間というのは生きがいや希望とかは出てこないんだということに気がつきまして、人間関係の貧困の克服は大変重要だなと感じた次第です。

多重債務問題については、弁護士とか司法書士はどうしても当事者ではなく代弁者ですけれども、「自分はなんでそんな高利なお金を借りなくてはいけなかったのか、どんなひどい取り立てを受けたのか」ということを当事者自身が勇気を出して話し始めた時、世論が変わってきたんです。多重債務者の被害者の会は、現在47都道府県に89会が結成されています。

貧困問題の克服のためには、失業や病気などで働けない時でも人間らしい生活ができる制度を作っていかなければいけない、また最低賃金、非正規労働者の待遇改善、生活保護制度の改善などなどセーフティーネットの充実が重要だと思います。

また、こういうような運動をやっていて気づいたのですが、消費者運動や、労働運動、社会保障運動も縦割りになっています。派遣村の取り組みも結局、集まってきた５０５人の人が救済されるには生活保護申請しかなかったので集団申請をして３００人近くの人が生活保護を受給し、住まいを手に入れて一息つき、就労活動をしているわけですけれど、そういう知識がそれまで労働組合の人にはなかった。また反貧困ネットワークとしては、イデオロギー、政治的立場を超えた協力・協働が重要だと考えています。最近ではキリスト教の関係者とか仏教の関係者なども宗教の違いを超えて「反貧困ネットワーク」に参加してきています。

基本的にはいろいろな政策を変えなくてはいけませんが、やはり先ほどの「関係の貧困」の解消、社会の中の一人ひとりの考え方が変わっていくことが非常に重要なんじゃないかなと思っています。実はこの前、フランスのテレビ局の人が私のところに取材に来て、「宇都宮さん、なんで日本は高齢者とか子供、一番弱い人を社会全体で守るようになっていないんだ」と質問するんです。フランスでは子供やお年寄りは社会全体で守る空気があるが、日本はそれは家庭の責任だということになっているのでは？　と聞かれてショックでした。やはりそうした社会の有り様から変えていかないと行政や政策を変えるだけではダメなんだなあと考えている今日この頃です。

東日本大震災・原発事故に対する日弁連の取り組み

日本弁護士連合会（日弁連）は、震災当日に東日本大震災・原子力発電所事故等対策本部を立ち上げ、直ちに義捐金の募集を開始するとともに、被災地の弁護士会や全国各地の弁護士会、日本司法支援センター（法テラス）などと協力して、電話による無料法律相談や、避難所を直接訪問しての無料法律相談活動を続けてきており、これまでの相談件数は3万7０００件を超えています。また、弁護士を対象とする震災に伴う法律相談研修会をこれまでに21回開催してきています。

２０１１年4月14日に発表した「東日本大震災に関する第一次緊急提言」では、復旧・復興で目指すべき基本的視点として、①コミュニティの維持・再生・発展　②不合理な債務からの解放　③生業と雇用の場の回復など、を挙げています。

また、2011年5月27日に開催された第62回定期総会においては、「東日本大震災及びこれに伴う原子力発電所事故による被災者の救済と被災地の復旧・復興の支援に関する宣言」を圧倒的多数で採択しています。この宣言の中で、日弁連は、復旧・復興の主体が被災者であること、復旧・復興は憲法が保障する基本的人権を被災者が回復する「人間の復興」でなければならないことを表明しています。

日弁連は、法律相談活動の中から浮き彫りになってきた問題を解決するために、二重ローン問題や原発事故被害者の救済問題などさまざまな立法・政策提言を行い、その実現に向けた取り組みを行ってきています。

日弁連がこれまでに発表した意見書や会長声明、会長談話は、被災者支援のための提言関係が35本、原発事故関係が65本、二重ローン関係が9本に上っています（2012年3月31日現在）。

日弁連が提案してきた二重ローン問題対策、原発事故被害者の救済スキーム作り、相続放棄熟慮期間の延長、支給対象を兄弟姉妹にまで拡大する災害弔慰金支給法の改正などについては、政府や国会においても取り上げられ、その一部が具体化してきています。

3時間目

いのちの電話と被災者支援

斎藤 友紀雄
日本自殺予防学会理事長
日本いのちの電話連盟理事

２０１１年3月11日に起きた東日本大震災は、まれに見る衝撃的な大災害となりました。阪神・淡路大震災直後もそうでしたが、今回も救援活動の中で目立ったのは海外からの救援チームです。彼らは災害や紛争の発生後直ちに現地に向かう態勢を整えていますが、まずその機動性、使命感と情熱に驚かされました。神戸のときに関西に振り分けた組織の中で印象深かったのは全米被害者救援機関（NOVA）でしたが、今回まず接触してきたのはやはり米国の「国際医療隊・災害支援チーム」（International Medical Corps, IMC）でした。東京英語いのちの電話（Tokyo English Life Line）に連絡があり、直ちに来日したのは、インカ・ワイスベッカー（Ms.Inka Weissebecker, PhD, MPH）という博士資格を持つ女性の臨床家でした。東京いのちの電話および仙台いのちの電話のスタッフ、さらに在日外国人学校の教師らを対象に、被災者への心理的支援の研修を実施しました。

いのちの電話「災害ダイヤル」の開設

さて２０１１年3月11日、東日本大震災が発生。まず直面したのは東北地方にある4つの「いのちの電話」との連絡がとれないという事態でした。前年２０１０年10月、今回の災害の中心地の1つである宮城県仙台市で電話相談関係の国際会議があり、隣国である台湾、韓国からの参加者たちは直接仙台空港に来日したいきさつもあり、安否や生存の可否まで問い合わせがあって、東京でも緊張感が走りました。事実、沿岸地区から通っていた相談関係者数人が津波の犠牲となり、家屋や財産を失った人が少なくないことが後になって判明しました。数日して相談センターの損壊は軽微であることを確認しましたが、電話回線は寸断され、相談員は車も使えず地下鉄も不通ということで、相談活動はしばらく中断を余儀なくされました。

この間、日本いのちの電話連盟は全国の電話相談センターに呼びかけ、被災地を対象とした「いのちの電話被災者支援フリーダイヤル」を設置することに決定したのです。これは通常の相談とは違いフリーダイヤルにより左記の要項で実施することになりました。

① 電話番号0120－556－189　こころ　いちばん　やさしく
② 発信可能地域は岩手県、宮城県、福島県、茨城県に限定、携帯も通話可とする。
③ 期間・時間限定：2011年3月28日(月)～4月9日(土)　8時～22時
④ 相談の趣旨：情報提供や専門的指示ではなく、対等な市民の目線で喪失にともなう悲しみや痛みをしっかり受けとめることとする。

⑤　相談員は、いのちの電話の研修を受け、認定されたボランティア相談員とする。

相談内容の概要（匿名、守秘を尊重し、簡単に訴えの内容を紹介してみます）

○悲しくて辛くて電話しました　○結婚を誓った大学の友人が行方不明（泣きながら）　○余震が怖くて怖くて眠れない　○誰かと話がしたい　○当たり前と思っていた今までが贅沢だった　○お母さんもおばあちゃんも津波で死んじゃった　○お父さんは消防団員なのでほとんど帰ってこない、どうしたらよいか　○心の愚かさ、醜さをつくづく感じる　○どこに避難したらいいのだろう。途方にくれる　○買いだめで苦労、ガソリンがない　○こころの病気で緊張があって仕事ができない　○統合失調症の長男が怖がって家には入れず、車の中で生活している　○うつ病が悪化した　○精神疾患、狭心症があり不安、余震が怖い　○余震が不安で動けない、この電話で話せてうれしい　○自分より大変な人がいるのにと思うと食べられない　○地震・津波は天災だけど、原発は人災、原発は不安だ、政府は隠している　○生後2カ月の赤ちゃんがいる、ミルク、オムツがない　○誰かに話したかった。繋がってよかった　○やっと電気がついてよかった　○生き残ったことに罪悪感を覚える　○前から死ぬつもりでいたが、今は津波で溺れた人に代わって死にたい気持ち　○西日本のいのちの電話につながってほっとした、日本中で心配してく

れていてうれしい

以上のように被災関係の相談が多く、主訴を自殺とするものは、相談総数1515件のうち118件、7・8%が自殺志向でした。被災地だけが利用できるように設定されたホットラインでしたが、受ける側は全国に拡大された電話相談センターであり、オンラインで結ばれた全国の相談センターで多数の相談員が対応したのです。たとえば福島の利用者からの相談を受けたのは、北海道、関西、四国、九州地方いのちの電話、あるいは東京いのちの電話であったという具合です。後になって利用者から全国で被災者を受けとめてくれたとの感動が数件寄せられましたが、いのちの電話相談員も目に見えないこころの絆を実感したのです。半年後、東京いのちの電話の40周年記念式典の様子がテレビ、新聞を通して大きく伝えられました。式典に皇后陛下が臨席されたということもあって、これをみた視聴者、購読者から仙台、東京いのちの電話に「40周年記念会おめでとう。被災者だが、あの時は相談を聴いていただきありがとう」とお礼の電話が寄せられました。たとえ電話であっても、危機のときに相談で結ばれたこころの絆というものは、けっして軽いものではないと実感させられました。

なおこの「災害ダイヤル」は4月8日でいったん終了しました。フリーダイヤルは設定した側に多額な電話料の負担があるからです。しかしその後、共同募金会、日本赤十字会やドイツの市民からの支援を受け、9月11日から「第二次災害ダイヤル」を再開することができました。災害発生6カ月目に再開したのは、いわゆる悲嘆の記念日反応（anniversary grief reaction）といわれるように、6カ月、1年目には、その日が再現するかのような強い悲嘆におそわれることがあって、こころのケアの必要があると判断したからです。当面13時～20時の相談時間帯を設定しましたが、2年間は継続予定です。

相談数は9月だけで689件、その後、月1000件前後の相談を受けています。相談内容は、災害直後は前述のように、水、食料、薬品あるいは不安や恐怖の訴えが目立ちましたが、6カ月ともなると津波や倒壊で家族を失った遺族からの、喪失にともなう深刻な悲嘆が訴えられるようになりました。

これは少なくとも被災1年後までは続くものと思われます。

さて、いのちの電話では「心理的初期対応」（Psychological First Aid）が不可欠であるとの認識から緊急の電話相談を設置したわけですが、前述したように、いのちの電話では、「国際医療隊・災害支援チーム」から派遣されたワイスベッカー女史や日本人スタッフを動員、外国人および日本人を対象にしたスタッフ研修会を急遽設定したのです。英語いのちの電話、東京いのちの電話および仙台いのちの電話のスタッフおよび在日外国人学校の教師らを対象に、ストレス解消についての心理的支援（Emotional First Aid）の研修を実施しました。いのちの電話の研修は初期のころから、自殺予防に関する研修が中心でしたが、今回初めて被災者の心理的支援に関わる学習をしたのです。この学習は夏の全国研修会議でも取り上げられ、今後は各センターで必修の学習課題としてカリキュラムが作成されるよう期待しています。

今回は全国の相談員にいっせいに研修する余裕もないので、スタッフだけが前述の研修を受け、ケアの基本についてマニュアルを作成し全国に配布しました。

なお上記の研修文献は17カ国語に訳されネット上に掲載されていますので、誰でも利用できます（www.telljp.com）。

被災とこころのケア

それではなぜ被災者に対して、このような被災ダイヤルのような緊急のこころのケアが必要なのでしょうか。確かに常識的には災害に際して必要なことは、人命救助と救急医療であり、その次には水、食料、医薬品そして安全の確保や避難所の提供でしょう。しかし意外とおろそかにされているのがこころのケアです。そこで本論では震災をはじめとする自然災害などに直面した被害者に共通したこころの課題と、その心理的ケアについて考えたいと思います。

一般論としては、大災害、重大事故、犯罪被害などの予想できない忌まわしい出来事は、あとになってその時の記憶を反復的に思い起こし、悪夢にうなされたり、時にはその出来事が再び起きたかのような錯覚や幻覚すら持つようになると言われています。放置しておけば、さまざまな心身の障害が出てくることはよく知られています。こうした理由から、心身の危機に直面した人たちを早い段階でケアすることの重要性が、阪神大震災後に強調されるようになりました。しかもこのようなこころの危機への対応は、自殺危機への対応と同じで、誰でもできるし、必要だとするのが今日共通した認識となりました。危機が発生したときには必ずしもその場に専門家はいません。しかし専門家でなくてもできる役割があります。たとえば火災の発生現場に消防士はいませんが、初期消火は誰でもできるし、しなければいけません。そこで海外ではこのような役割を担ったボランティアを〝魂の消防士〟と呼んでいます。今回の大災害直後も、多くのボランティアがこころのケアという重要な役割を果たしました。その役割は〝心理的初期対応〟ないし〝こころの絆創膏〟などとも呼ばれます。

阪神大震災を経験したある男性は、家屋が倒壊し、家族ともども家の下敷きになってしまいました。本人はかろうじて落ちてきた梁の隙間から這い出ることができ、足の怪我だけで済んだものの、幼い娘と高齢の母親が家の下敷きになって圧死してしまったのです。しかも彼が見ている前で手の施しようもなく、息を引き取った経験はたとえようもなく衝撃的な経験でした。この日以来、そのときの悪夢のような記憶が彼のこころと健康を蝕み始めました。時折その記憶がよみがえり、動悸や発汗でよく眠れない日が続いたこともありました。妻との会話もわずらわしく、周囲との疎外感や孤立感を感じることもしばしばでした。気分も落ち込みがちで、近所との交流はほとんど避けるようになった日々もありました。しかし彼の妻が病気ではないと言い張る夫を説得して、軽い心臓疾患の治療を前に受けていた彼の主治医に依頼して抗うつ剤を処方してもらった結果、時間はかかりましたが、症状は徐々に解消していったのです。医師によれば、この症状はPTSD（Post Traumatic Stress Disorder、心的外傷後ストレス障害）の1つであろうとのことです。重篤な場合は治療を必要としますが、家族やボランティアたちの適切なケアがあれば、必ず立ち直れるのです。

被災者援助であれ自殺予防であれ、重大で深刻な喪失経験を援助する場合に必要とされる基本的認識は、悲嘆をどうケアするか、つまりグリーフ・カウンセリング、グリーフ・ワークに関する学習の必要性です。すでにキューブラ・ロスやアルフォンス・デーケン先生などの著作や講義で周知のところです。①　ショック状態、②　否認ないしパニック、③　怒りと不当感・恨み、④　罪意識、⑤　混乱と絶望、⑥　孤独感と抑うつ、⑦　思慕と探索、⑧　受容と立ち直り――以上のグリーフ・プロセスやその精神力動についての学習は必修です。

大震災後にこころの動き（情動反応）を感じることは、誰にとっても自然で当たり前のことです。大震災と大津波の打撃と破壊は、みんなの心にダメージを与えましたが、そこで受けた影響は、直後にだけではなく、長く続くものです。しかも家庭、学校、職場での日常生活の中でストレス要因となります。しかし深い心の傷となるような出来事が、いかに人々に影響を及ぼすのかを客観的に理解することで、実は思い通りにならない今の自分の生活の状態から脱する機会になるのです。

前述の「心理的初期対応」（PFA）のマニュアル全体を紹介することは出来ませんが、子どもへの対応の基本だけを多少加筆して紹介してみましょう。

①　以前にもまして子どもと向き合い、子どもが安心できる言葉がけをする、②　今いる場所が安全であることを繰り返し伝える、③　起こった事態に対して、子どもが自らを責めないように気を配る、④　幼い子どもをなるべく大切な人から引き離さない、⑤　可能な限り生活リズムや生活パターンを維持する（幼稚園／保育園／学校、食事、就寝時間など）、⑥　簡単なことで物

事を決めるプロセスにかかわらせる、⑦ 起こっている事態について、簡潔な答えと正確な情報を与えるよう心がける（恐怖心をかきたてるような災害の詳細を話さない）、⑧ 子どもの気持ちや考えを表現する機会を与える。指しゃぶりやおねしょなどの赤ちゃん返りは珍しくないことを理解し、見守る、⑨ 子どものストレス反応に対して、否定的な態度をとらない（叩く、突き放す、けなす、ばかにするなど）、⑩ できる限り、遊びやリラックスの機会を設ける、⑪ 遊びや回りとつながる場を設ける（知っているゲームをする、歌、踊り、おもちゃ作り、子どもと親が集まれる場を設ける）、⑫ 子どもが強い不安を見せたり、親にまとわりつくような場合無理に引き離そうとしない。

なお子どもたちに被災の経験を話してもらうことは意味がありますが、つらい体験を呼び起こすことにもなるので無理に話すようにすべきではありません。お絵かきを薦めたりすることも同様です。あるいは子ども自らが「津波ごっこ・地震ごっこ」をすることもありますが、単なる遊びではなく子どものフラッシュバックであり、子どもながら強烈な体験を表現しようとしているのです。泣き出す子どもの場合はケアが必要となりますが、やめさせるのではなく、大人が一緒に入って共感することも1つの有効な対応です。このような認識から臨床家は、子どもの災害時の話を聴くときには、なるべく個別にしたほうがよいとする指摘もあります。

被災者援助の場合に限らず、人が自殺危機などに直面したときに必要なことは、一般的な危機回避の方法を教えることは避けるのが常識です。まず本人が過去に困難に直面したときにどう対処してきたかを尋ねます。さらにその人が現在直面している状況にも対処できる力があることを気づかせることです。これは誰でも対処能力があるという認識からきています。危機にある人は意外と過去に危機に直面した時にどのように対応したかを無意識のうちに身につけているものです。このような対応の仕方をエンパワーメントと呼ぶこともあります。援助する側があれこれ助言する前に、本人の能力を引き出すことをエンパワーというのです。あるいは最近、医学や心理臨床で強調されているのは、「レジリエンス」（弾力性）という概念です。自己回復力とも訳されますが、弾力性のほうがいきいきとしています。

ハーバード大学で教鞭を執った精神医学者キャプランは、ボストンの教会（英国国教会、アングリカン）を克明に調査して、自殺などの危機が発生した場合、生きる意味などの内面的支援によって人間を支えていると評価しました。アングリカンやカトリックの住民の間では自殺率が低いのは宗教的なサポート・システムがあるからです。医療も心理的ケアも不可欠ですが、生きる意味にかかわる価値観や宗教が〝レジリエンス〟を強化するからでしょう。もちろんこころの危機に直面している人に、いきなり宗教的な価値観で説得するのは下手なシナリオです。まずこころの衝撃や悲嘆をしっかり受けとめてこそ、人はこころを開いてくれるものです。

さてこうした未曾有の災害を経験して多くの人たちが口にしたのは、自分の人生や生き方をあらためて考え直し、思い巡らしたという感想でした。この災害は天罰であると発言して顰蹙をかった政治家もありましたが、それはそれで本人の受けとめ方でしょう。古くから災害は〝天罰〟ないし〝天譴〟（てんけん）と理解されてきましたが、災害を人間の悪があぶりだされたと倫理的に解釈することも、平和と豊かさに安住している日本人には必要であるかもしれません。

今日ヨーロッパのキリスト教社会でも、災害を倫理的に捉えることは少なくなりましたが、最近岩波書店から出版された哲学者ジャン＝ピエール・デュピュイの『ツナミの小形而上学』は、日本人への警告とも言えます。彼は天罰とは言わずに、「悪」という言葉を使います。自然災害と戦争、テロなどに共通して現れた「悪」の問題を再考しようとする著作です。デュピュイはスマトラ沖地震に触れながら「破局の未来」にどう向き合うかについて問い直しています。事前に地震と津波の高い蓋然性についてタイ政府は承知をしていたにもかかわらず、自国の観光業を壊滅させない意図からあえて警報を発しなかったと指摘します。自然災害といえども、社会的脆弱性のために惨事をもたらすとも語ります。

このことは今回の福島原発の惨事についても言えるのではないでしょうか。政府と原発関連企業が作り上げた安全神話という欺瞞の中で、この災害が起きたと思います。福島に限らず、行政と電力会社間でのメールによる〝やらせ〟はまさに癒着そのものであって、これこそ現代の悪であり、罪でしょう。このようにデュピュイは自然災害は何を意味するかという永遠のテーマを、〝悪〟に焦点を当てて論じているところに、筆者は共感しています。

作家の伊集院静氏は3月の大震災と福島原発爆発の直後、フランスの友人から「住まいも仕事も用意するからこちらに来ないか」と移住を勧められたそうです。氏はこれを謝辞しているのですが、その理由は〝この大きな災害が何であるかを現場で見つめたい〟さらに〝神の存在を考える最良の時だと思う〟とこの友人に伝えたそうです。氏は、カトリックの信仰を持つ夫人に、「神が君たちに何をしてくれるのか」と無神論者の立場で尋ねたところ、夫人は次のように答えたそうです。

「何かをしてくださったということはありません。でも、どんな時も、そばにいてくださいます」（伊集院静「旅先でこころに残った言葉」『シグナチャー』10月号、2011年）。

ここには伊集院氏夫妻同士の尊敬と絆の中で、氏のこころにひらめいた1つの悟りがあるようです。信条の違いを超えて真に恐るべきものを恐れ、より確かな死生観を持ちたいものです。

では東北で説法した瀬戸内寂聴さんは何を話したでしょうか。ネットを見てみました。

「人はどう言っても私はこう思うという信念を貫いてください。東北は徳島、京都に続く第三のふるさと。新聞に載っている震災で亡くなられた人の名前を書き写して、それを供養してくださいと私に手紙を送ってきた人がいました。何でもいい。自分にできることをすれば思いは必ず届く。東北の人たちは、私たちの代わりに災害を受けてくれた。キリスト教ではイエスが十字架にかけられたように、東北の方が苦しみを引き受けてくれた。絶望しないでください。どんなに苦しくても同じ状態は続かない、どん底の下はない」

東北の人たちが私たちの代わりに災害を受けてくれた、という言葉には首をかしげる人がいるかもしれません。しかしテレビでは、聴衆の多くが目頭を押さえていました。やはり対等な目線で苦難を共有する寂聴さんのまなざしに共感を覚えたのでしょう。

以上のような死生観こそ今回の危機を乗り越える力となるでしょう。

いのちの電話・自殺予防学会40周年

「いのちの電話」は日本で最初に創設された自殺予防目的の電話相談です。1971年のことでした。2011年に40周年を迎えましたが、創立者は1960年にドイツから派遣されたルッ・

ヘットカンプです。彼女の任務は、1958年に成立した売春防止法制定の結果、いわゆる赤線などから町に放り出された女性たちの更生保護でした。心身ともにぼろぼろになるほど酷使された女性たちには、過酷な人生が待ち受けていました。職もなく無為に過ごす彼女たちは、前途を悲観してしばしば自殺を試みた者も少なくなかったのです。そうした中で彼女の脳裏にひらめいたのは、当時すでに英国やドイツで始まっていた自殺予防目的の電話相談でした。

そこで医療、福祉、教育等の関係者、あるいは行政に呼びかけ、また一般社会の厚意的な支援を受けて開始されたのが「いのちの電話」でした。ボランティア相談員を募集、研修会を実施しましたが、最終的に認定された相談員は200人余り、1971年10月1日に相談業務を開始したのです。最初の1年間に受けた相談の総数は実に2万件を越えました。それにしてもヘットカンプは使命感をもって、いきいきとこの事業と取り組み、運営、資金集め、相談員研修などいくつもの役割をこなしてきました。

彼女はドイツ中部のデュセルドルフ近郊の町に生まれましたが、9歳のときに英国空軍によって自宅を爆撃され、瓦礫の中から奇跡的に救出された経験を持っています。そればかりでなく感染症のために九死に一生を得たこともありました。こうした経験から彼女は自分を守り、生かしてくれた神に感謝し、生涯を神と人に捧げるという献身の誓いをしたのです。今もドイツにいながら、日本を支援していますが、そのような献身に生きる彼女の情熱が「いのちの電話」を生み育てたと言えるでしょう。

彼女はその後年老いた家族をケアする必要から、1982年に帰国しましたが、その後もたびたび訪日し、あるいは日本人関係者をドイツに招き研修の機会を提供してくれています。最近は2008年に日本政府から勲章を受けるために来日、2011年の秋には東京いのちの電話40周年のために再び来日しました。この年3月、震災のニュースを知ってから2週間はテレビの前を離れられず「ただ泣くばかりでした」と語る彼女は、今回はドイツ国内で大震災被災者のために募金し、総額で200万円を日本に送金してくれました。11月に来日すると直ぐ被災地を訪問、名取市ではすさまじい災害の爪あとを見てまた泣いたと語りました。日本人と一緒になって汗を流し、苦労を厭わない彼女の生きざまは今も変わらないようです。

ところでこの40年間、ヘットカンプと共に、初期のころの相談事業を築いた二人の医学者の存在が今も語り伝えられています。いのちの電話はボランティアが中心になって活動していますが、社会的にも評価に耐えうる組織を構築できたのは、この医師たちの功績が大きいといえます。そこでもう故人となりましたが二人の医師、稲村博、増田陸郎を紹介してみましょう。

ごく初期の頃から精神科を中心とする「いのちの電話面接室」を開設したのは精神科医稲村博でした。予想はしたものの、電話相談の利用者の中に圧倒的な比率を占めたのは心病む人たちでした。しかも自殺傾向が多くの患者に見られたのが特徴でした。電話というメディアは顔が見えず、匿名も許される。精神障害者に対する社会的偏見の強い日本では、そうしたメディアが相談のために絶好の手段であることが証明されたのです。そこで彼の提案で、電話だけではなく面接相談、つまりクリニックが設置されたわけです。それは電話相談の開設からわずか1年半後のことでした。その後30年間、面接だけでも延べ1万件の面接相談を実施してきました。

彼の主著とも言うべき「自殺学―その治療と予防のために」（東大出版会）については、後半部分で彼が強調する「治療と予防」は、いのちの電話の創設にあずかったがゆえに書き得たと言えます。1996年に60歳で亡くなりましたが、終生この面接室長を務めました。この面接室はまさに彼の自殺予防の臨床と研究の場でした。いのちの電話に関わり始めたのは彼が30代の若いころでしたが、その後の彼の人生は自殺予防と自殺研究に、いのちを懸けて取り組んだといっても過言ではありません。

筑波大学、一橋大学で教鞭を執るかたわら、土曜日は午後から終電が近くになる時間まで、自殺傾向のある電話相談利用者を面接治療しましたが、稲村が担当した患者だけでも延べ数千人に及びました。それこそ金銭や時間を超越して取り組みましたが、われわれは彼の死をまさに過労死だったのではともささやきました。小石川にある彼の墓の墓碑銘には、「心の絆」と彼の揮毫で彫られています。これは彼の自殺予防のための精神療法を記した「心の絆療法」（誠信書房）から取ったものです。

増田陸郎は、いのちの電話発足のころ東京都目黒保健所長をしていましたが、精神保健・医療関係者に呼びかけ、１９７０年に自殺予防研究会を創設しました。保健所関係者、監察医務院、公立病院精神科医師などの専門家が中心で、このためごく初期のころは「自殺予防行政研究会」と称していました。もっとも民間で自殺予防に関心を持っている研究者、いのちの電話関係者を含む実質的な研究会を始めたのは１９７１年でしたから、いのちの電話と共に40年の歴史を刻んだことになります。ところが増田医師は保健所退職間際になって、「行政だけで自殺予防は出来ない」と宣言して、なんといのちの電話のボランティア相談員となった奇特な医師でした。増田は精神障害者ケアを余生の使命と公言して、障害者と語り合う機会が多かったようです。ある日障害者の悩みを聴きつつ思わず涙が流れ、その障害者と抱き合って泣いたと話してくれたことがあります。

その時増田は、日本の精神医学の祖と言われ、わが国で初めて自殺研究に手をつけた呉秀三

（東京帝大教授）の言葉を思い起こしたと語ります。呉は巣鴨病院（後の松澤病院）長を兼任し、日本における精神医療確立のために貢献した人で、患者の人道的処遇を強調していました。呉が残した言葉とは「この病を得たる苦しみとともに、この国に生まれたる二重の不幸を背負っている」というもので、ヨーロッパに学んだ呉はかの地の精神医療の実態に触れ、当時の日本における精神障害者への非人道的な処遇を嘆いた言葉です。増田は、今日も彼らに対する偏見と差別の実態は変わらないと、思わず涙を流したのでしょう。増田は医者、臨床家というよりも、医療行政官でしたから、患者に対してはむしろ対等な目線でその訴えを聴き、患者に喜ばれたようです。日本自殺予防学会は今日、数百名の会員を擁する組織に成長しましたが、いのちの電話と連携している唯一の学会です。いのちの電話と日本自殺予防学会創設40年の節目の年に、両組織の関係者はこれを築いた初期の開拓者に思いを馳せているところです。

この間全国に拡大した電話相談センターは、50センターを越え、相談員7500人、相談総数は年間75万件に達しています。しかし最近は、組織の拡大だけではなく、この事業も社会的ニーズの多様性に戸惑っています。

まず初期のころ相談全体に占める若い世代の比率は、相談全体の半分以上を占めていました。十代の若者たちだけでも2割を越えていました。ところが最近、いのちの電話に寄せられる若者たちの相談が激減しています。なぜ若い世代が電話を利用しないのでしょうか。1つはネット利用の影響ですが、これには彼らの情緒的問題が背後にあります。筆者は25年前から、引きこもりの若者たちの自立支援事業の世話役をしていますが、彼らの引きこもり症状の1つは、電話ですら他者とのコミュニケーションが苦手だということです。苦手どころか怖いというべきかも知れません。そこで2006年、試行的にインターネット・カウンセリングを実施、翌年から正式に発足、本年は7年目を迎えました。実は英国とドイツと同じように、若い世代からの相談が70％を占めています。

この事業に対して、ネットに引きこもる若者たちの病理性を助長するとの批判を受けました。たしかに硫化水素自殺の連鎖はほとんどがネットによる情報に端を発していました。ネットだけにこもるのは望ましいことではありませんが、実態としては、彼らにはネットのほかに出会いの手段がないのです。コミュニケーションの理想は面と向かって出会うことですが、そこまでに成長するには時間を必要とします。一挙に面と向かう関係を形成することはできません。また統合失調症の患者は自我そのものが壊れているので、ネット利用には困難が伴いますし、そうした意味ではまだまだ試行錯誤です。

一方同じ2006年ごろから、いのちの電話では自死遺族支援事業が開始されました。自殺者の背後にはその数倍の自死遺族が遺されていると言われます。自殺に対する社会的な誤解や偏見の強い日本では、遺族は孤立し無視されてきました。想像を絶する喪失経験や差別の中で、彼らの自死念慮も強く、自殺のハイリスクのグループと言われるだけに彼らへのケアも喫緊の課題なのです。米国では〝サバイバー（survivor）〟と呼ばれ、政治力もある全米的な組織として、相互支援や啓発的活動を実施しています。

わが国でもネット相談と自死遺族支援事業は全国的に拡大されつつありますが、いのちの電話は、こうした新しい時代の要請と取り組んでいます。

4時間目

生を肯定できる社会をめざして
―貧困問題の現場から―

稲葉 剛
NPO法人自立生活サポートセンター
もやい代表理事

新宿の「ダンボール村」から始まった

私は1994年から、東京・新宿を中心に路上生活をされている方々の支援活動に関わってきました。また、2001年には湯浅誠（「年越し派遣村」の元「村長」、元内閣府参与）らと共に自立生活サポートセンター・もやい（以下、〈もやい〉と略す）を立ち上げ、路上生活の方だけでなく、ネットカフェや24時間営業のファストフード店、友人宅などに寝泊まりしている「広い意味でのホームレス状態」にある人たちや、アパートはあるけれど家賃が払えない状態におちいっている人など、幅広い生活困窮者に対して相談・支援活動を行なっています。

具体的な支援内容としては、住まいを失った人たちが再びアパートに入る時の連帯保証人の提供や、生活保護の窓口への申請同行、生活が落ち着いた後の「居場所づくり」などです。2008年秋のリーマンショック以降は、仕事と住まいを失い、全国各地から〈もやい〉の事務所に相談に来られる方が急増し、文字通り「駆け込み寺」とでもいうような状況になっています。

ここでは、そうした生活困窮者への支援活動の中身よりも、活動を通して私が考えてきたことを中心にお話ししたいと思います。

私が路上での活動を始めた1994年という年は、バブル経済崩壊後、日本経済が長い不況のトンネルに突入した時期でした。新宿では、1993年頃から新宿駅西口の地下通路を中心に路上生活者が増え始め、彼らは雨露や寒さから自分の身を守るためにダンボールの家を建て始めました。いつしかそこは「ダンボール村」と呼ばれるようになり、労働市場から排除された人々が身を寄せあって暮らすコミュニティになっていきました。

当時、「ダンボール村」の住人のほとんどは日雇い労働者で、高度経済成長の頃に東北をはじめとする各地方から上京し、全国各地の建築・土木現場で働いてこられた方がたくさんいました。

現在、新宿駅の西口には高層ビル街が広がっていますが、「村」の住人の中にはそこの建設に従事していた、という方が何人もいて、「自分が建てたビルの軒下で野宿をしている」という話も珍しくありませんでした。

「新宿の西口は昔、原っぱだった。そこに最初に京王プラザホテル（1971年開業）が建って、建設ラッシュが起こり、次から次へとニョキニョキ建っていった。最後に都庁（1991年完成）が建って、バブルが崩壊しちゃったんだ」という話を、私は何人もの方から聞いたことがあります。

当時も今も、野宿の人たちの平均年齢は50代半ばで、ちょうどその年代の人たちが労働市場か

上／新宿中央公園での炊き出しには約 400 人が一杯のご飯を求めて集まる（写真／迫川尚子）

下／毎年、年末年始には路上生活者への集中的な支援活動が実施されている（写真／迫川尚子）

らも福祉制度からも排除されやすいという構造は変わっていません。

西口地下通路は、新宿駅西口と東京都庁をつなぐ位置にあり、都庁職員や高層ビル街で勤務している人々の通勤路にあたります。都庁のお膝元に「ダンボール村」ができたことにあわてた東京都は、この「村」を排除しようと躍起になりました。

東京都による大規模な強制排除は、1994年の2月と1996年の1月の2度にわたり行われたのですが、その1回目の排除の後、都のやり方があまりにひどいのではないかと思った私と友人たちは、「ダンボール村」の住人たちに話を聞きに行きました。

それから「村」の住人たちとの交流が始まるのですが、私が何よりも驚いたのは、当時、新宿では路上生活者が餓死したり凍死したりするのが日常茶飯事だったということです。

野宿の人たちは自分の命を守るため、比較的、雨露や寒さをしのげる地下に集まるのですが、そこが東京都による排除の標的になります。比較的暖かい場所を追い出されて、寒い場所に追いやられた人は、もともと持っていた病気を悪化させたり、最悪の場合、凍死に追い込まれたりしていました。

また、当時は福祉行政の対応も今以上にひどく、多くの役所が「住民票のないホームレスは住民サービスの対象ではない」という考えを持っていました。そのため、野宿の人たちが「病気で病院に行きたいが、お金がない」という相談を福祉事務所で行ったとしても、「自分で稼いでから自分のお金で病院にかかりなさい」とか「もっと悪くなってから、救急車を呼びなさい」という対応をされることがよくありました。職員の中には路上生活者に対する偏見や差別をむき出しにする人もいて、「もう二度とあんなところに行きたくない」という声を路上でよく聞きました。「自分たちは日雇い労働者である」というプライドを持っていた人たちにとって、役所の職員に侮蔑的な態度をとられることは何よりも耐え難いことだったのだと思います。

そうした中、何人もの方が、病状が重症化するまで我慢して、最期は救急車で運ばれて帰らぬ人になっていきました。私自身も路上で凍死寸前の方や餓死寸前の方を発見して、救急車を呼んだにもかかわらず、次の日には亡くなられた、という体験を何度もしています。当時、新宿区内だけで、路上で亡くなる方、路上から救急搬送されて入院先の病院で亡くなる方が、あわせて年間40人から50人いました。

私は自分の母親が広島で入市被爆（原爆投下直後に被爆地に入り残留放射能を浴びること）をしており、自らは被爆二世という立場にあります。子どもの頃から原爆に関わる話を聞かされて育ったということもあり、学生時代から平和問題に関心がありました。社会的な活動を始めるきっかけになったのは、１９９１年の湾岸戦争への反対運動であり、湯浅誠ともその反対運動を通して知り合いました。私が平和運動に飛び込んだ動機には、ヒロシマのように「理不尽に人が殺されること」への怒りが根底にあったのだと思います。

しかし、新宿の「ダンボール村」の住人たちと知り合う中で、自分たちの足元でも理不尽に人が亡くなっており、しかも私たちが税金を納めている東京都が率先して排除を行うことで、率先して人のいのちを奪っているという現実に大変ショックを受けました。

「日本は世界有数の豊かな社会だと言われているけれど、路上で人が死ぬような社会だったのだ」ということを肌で知り、そのことを目撃してしまった以上、もはや見て見ぬふりはできなくなりました。私は「路上で人が亡くなるような社会を変えたい」と思うようになり、それ以来、18年間、自分にできることを続けています。

名前のない死の意味するもの

路上での死はどれも悲惨なのですが、もっともやりきれないのは「名前のない死」です。このことは2010年、NHKが「無縁社会」というテレビ番組で「日本では年間、約3万2000人が『無縁死』（家族の引き取り手がいない死）を遂げ、そのうち約1000人は名前すらわからない」という調査結果を発表したことによって一般に知られるようになりました。しかし、寄せ場（日雇い労働者が暮らす街）や路上生活者に関わる支援関係者の間では、昔から「名前のない死」の存在は知られていました。

たとえば、私の知っている方で通称、岩田さんという60代の野宿の男性がいました。彼が脳内出血で倒れた時、彼は免許証など自分の名前を証明できる物を何も持っていませんでした。野宿の人の中には戸籍上の名前ではなく通称名を使っている人も多いため、「岩田」という名前が本名かどうかはわかりません。彼は入院先の病院で意識不明の状態が続き、自分の名前を明かすことができないまま、この世を去りました。

私が彼の面会に行った時、彼のベッドには「新宿１６７男」という「名前」が書かれていました。おそらく新宿からこの病院に運ばれた１６７番目の身元不明の男性という意味だったのでしょう。この病院は都内各地から路上生活者をよく受け入れる病院だったので、他にも「台東２４０男」や「江戸川83男」といったような「名前」を見ることができました。また、別な方のお見舞いに行った他の病院では、「新宿太郎」という「名前」が使われており、その病院には歴代の「新宿太郎」さんがいる、という話を聞いたことがあります。

私はこうした現実を知って、「いったいこの世の中で何が起こっているのだろうか」と考えました。もちろん、安定した仕事と住まいを失い、路上生活から抜け出せないまま、この世を去ってしまう、ということ自体が悲惨な出来事であるというのは言うまでもありません。しかし、その上、その方がどこで生まれ、誰に育てられ、どういった仕事をしてきて、誰を愛し誰に愛されたのか、といった人生の全てのプロセスがわからないまま、人生の終幕が記号のような「名前」で処理されていく。その現実を知った時、何か途方もなく怖ろしいことが、この社会の中で起きていると私は戦慄しました。

誤解がないように言いたいのは、私は「新宿１６７男」や「新宿太郎」というような「名前」をつける病院や行政機関を批判したいわけではありません。戸籍名がわからない以上、記号を名前にするのはある意味、仕方がない対応だと思います。私が問いたいのは、そのような「名前のない死」を生み出し続ける私たちの社会総体のあり方です。

私は90年代の半ばからずっと、この「名前のない死」の問題について考えてきました。そして、そのことを考える上でヒントになる言葉にいくつか出会いました。

その一つは、ユダヤ人のホロコースト（ナチス・ドイツによる大量虐殺）をモチーフにした作品を制作し続けているフランス人のアーティスト、クリスチャン・ボルタンスキーの言葉です。

「人は二度死ぬといわれている。一度目は実際に死ぬときであり、二度目は写真が発見され、それが誰であるか知る人が一人もいない時だ」とボルタンスキーは語っています。

家族や友人を亡くされた経験をお持ちの方にはわかるでしょうが、たとえ身近な方の身体がこの世から消えても、その方とのつながりの記憶は私たちの中で生き続けます。「身体としての生」（第一の生）は終わっても、「記憶としての生」（第二の生）は続いている、と言うこともできます。私たちは亡くなった方を自分の脳裏に浮かべることで、その人と会話を交わすことすらできます。

しかし、50年が経ち、百年が経つと、その人の記憶を大切に持ち続けている私たち自身も、この世から退場することになります。そうすると、よっぽどの有名人でもない限り、その人の写真が発掘されたとしても「顔と名前」が一致せず、誰だかわからないということになってしまうでしょう。その人の記憶を持っている人がいなくなる時点で「第二の生」も終わりを告げる、ということをボルタンスキーは言っているのだと思います。

東日本大震災の被災地でも、津波によって瓦礫となった家財道具の中から写真や位牌など、「家族の記憶」につながる品々を一つ一つ丁寧に水で洗い、修復作業を行うボランティアの活動が話題になり、ニュースでも取り上げられました。写真や位牌が遺族の手に戻ることで、残された家族は亡くなった方の記憶を呼び覚ますことができます。この活動の目的は、災害で亡くなられた方々に「第二の生」を生きてもらうことだったのではないか、と私は感じています。

通常はこのように、「第一の生」の死の後に、「第二の生」の死が訪れます。しかし、この世に身体があり、心臓の鼓動がしているにもかかわらず、本来の名前を喪失してしまった人たちは、ある意味、この順番が逆転してしまった、と言えるのではないでしょうか。

〈もやい〉ではよく「貧困問題には2つの側面がある。1つは経済的な貧困で、もう1つは人間関係の貧困だ」というお話をします。経済的に困窮状態にある方は、家族や友人、かつての職場の同僚などとの関係も切れ、社会的に孤立しやすい状況にあることは、支援関係者の間でよく知られています。この二種類の貧困のうち、経済的な貧困が行きつく先は餓死や凍死であり、肉体としての死、「第一の生」の死になります。では、人間関係の貧困が行きつく先は何でしょうか。

それは、「この世にまだ身体は生きているのに、誰も自分とつながっていない」という状態です。これは、ある意味、「第二の生」の死が「第一の生」の死に先行している状態です。生きている人間にとって、これほど悲しくて、これほど残酷なことはありません。

「顔と名前が一致する」という言葉があるように、人と人がつながる時に必ず必要になるのは「顔」と「名前」です。

2000年に新潟県柏崎市のある男性宅で、9年2カ月もの間、監禁されていた女性が発見され、男性が未成年者略取罪、逮捕監禁致傷罪で逮捕されるという事件がありました。保護された女性は、小学校4年生の時から行方不明になっており、彼女が9年以上の長期にわたる監禁生活を強いられていたことに社会が大きな衝撃を受けました。

後にわかったことですが、加害者宅に残された女性のノートには、自分の名前、自分の家族の名前、学校の名前などが繰り返しびっしりと書き込まれていたと言います。おそらく彼女は「自分が何者であるか、自分が誰とつながっているか」を確認することで、なんとか自分というものを保とうとしていたのではないでしょうか。

宮崎駿監督のアニメ『千と千尋の神隠し』(2001年公開)にも、名前をめぐるエピソードがあります。「千尋」という名前の小学生の女の子が異次元に迷いこんでしまい、そこの支配者に「千」という名前に変えられてしまいます。しかし、そこで知り合った親切な「ハク」という男の子から「名前を忘れると、もとの世界に戻れなくなる」とアドバイスを受け、彼女は「千尋」という名前を忘れないように誓います。実はハク自身も自分の本来の名前を奪われており、それを完全に忘れてしまっていたのですが、千尋との交流の中で自分の本来の名前を思い出す、というのがこの作品のクライマックスシーンになります。

この作品の名前にまつわるエピソードは、私たちの社会で長年行われてきたハンセン病患者への理不尽な隔離政策をモチーフにしていると言われています。自分のふるさとから引きはがされ、強制的に各地の療養所に入所させられたハンセン病の患者さんたちが「家族も差別を受けるから」という理由により本来の名前を公表できない状況に追い込まれる。それによって故郷とのつながりを半永久的に断ち切られてしまった、という負の歴史を私たちの社会は持っています。宮崎駿監督はハンセン病患者への差別の歴史について繰り返し言及しており、「千と千尋」の物語もハンセン病療養所の多磨全生園（東京都東村山市）の森の中で発案した、ということを私は元患者のお一人、森元美代治さんからうかがいました。森元さんはこのような「名前」をめぐる差別と闘い、実名で本を出版された方でもあります。

ボルタンスキーが作品のモチーフにしているユダヤ人の強制収容所でも、収容された人々は名前ではなく番号で呼ばれました。名前を奪うことによって、個々人のアイデンティティという内面の根幹に関わる領域まで支配を貫徹するという発想がそこにはあります。

貧困と社会的孤立により本来の名前がわからなくなった人々の多くは、在日コリアンなどのマイノリティに属する人々を除けば、外からの圧力によって名前を失ったわけではありません。それゆえに「自ら選んだ道だ」と言う人もいるでしょう。しかし、通称名で暮らしている人たちの中には、ホームレス状態におちいったことを恥と感じるがゆえに「故郷には顔向けできない」と感じ、本来の名前を捨てる道を選んだ人たちもたくさんいます。「貧困は自己責任である」という社会意識を内面化することによって、ますます他者とのつながりが断たれ、孤立が深まる、という負のサイクルは中高年の路上生活者だけでなく、ワーキングプアの若者たちにも共通する現象です。そうであれば、私はそうした社会意識そのものを問うていきたい。生活に困窮して路上生活になったとしても、「自分が自分の名前のままで生きる」ということを誰もが肯定できる社会、身体としての「第一の生」も、記憶としての「第二の生」も含めて、人の「生」全体を無条件に肯定できる社会に変えていきたいと願っています。

〈もやい〉では、「経済的な貧困のみならず、人間関係の貧困にも立ち向かう」ことを活動のモットーにして、路上生活を経験した人たちが気軽に集えるサロンを開いたり、女性や若者が安心して語り合える場を作るなど、居場所づくりの活動にも力を入れています。そして、そうした活動を通して、お互いがお互いを名前で呼びあえる関係を作り直していきたいと考えています。

かつて、〈もやい〉のサロンの常連だった元ホームレスの男性からこんな話を聞いたことがあります。

「毎日、朝起きるのがつらくて、寝たままテレビを見ていると、なんか外の世界と自分がつながっている感覚がなくなってくるんだよね。自分がエイリアンにでもなって、外から世界を眺めているような感じ」

生活保護を受けたり、年金が受給できるようになり、最低限度の生活が保障されるようになる。〈もやい〉がアパートの連帯保証人になって、プライバシーが保たれる空間を確保できるようになる。それらの物理的金銭的な支えは人が生きていくために最低限必要な要素です。しかし、かつて阪神・淡路大震災の後に仮設住宅・復興住宅で被災者の孤独死が相次ぎ、現在も東北地方の仮設住宅団地において被災者の孤立化防止が大きな目標になっていることからもわかるように、いくら最低限度の生活が保障されたからと言って、人はつながりが無いまま生きていくことはできません。彼は「エイリアン」という言葉を使うことによって、社会的な孤立の苦しさをリアルに教えてくれました。

また、別のサロンの常連さんは自分が野宿に至った経緯を振り返り、「自分の部屋を失ったことによって、それまでとっていた写真のアルバムや、中学時代からの住所録を全部なくしちゃったんですよね。それで何か、『守るものがなくなった』ような感覚になっちゃって、ふらふらしてしまったというか…。それからはどこに行っても落ちつかないんですよね」と語っていました。

住まいを喪失したことで最もダメージを受けたものが金銭に換算しうるものではなく、人とのつながりを示す写真や住所録だったということは私の印象に強く残りました。

私はよく、人間が生きていくことを1本の木の絵にたとえて語ります。私たちから見えるのは幹や枝、葉など地上にある部分だけですが、これらは「第一の生」にあたる部分でしかありません。地下には広がる根っこがあり、根がさまざまな他者とつながることで養分を吸い上げてくれるからこそ、地上の葉も生い茂ることができます。そして、地上の生が終わりを告げたとしても、他者とのつながりを示す根っこはすぐには消えず、引き続き「第二の生」を生きるのです。

この地上（「第一の生」）と地下（「第二の生」）をつなぐものが「顔と名前」なのではないでしょうか。

自分の「顔と名前」をわかってくれる人がまわりにいて、その人たちとのつながりを日々、感じることができるということ。それは、衣食住の確保といった物理的な条件と同様に、あるいはそれ以上に、人間が生きるために必要不可欠な条件なのではないか。私はそう思うのです。

「活動家のジレンマ」を生きる

ただ、このようにお話ししている私自身も、大きな矛盾を抱えていると感じる時があります。

一人ひとりの「顔と名前」が見える関係が大切だと言いつつ、貧困や孤立の現状を社会問題として語ろうとすると、どうしてもその語り口は、○○さん、××さんという一人ひとりに寄り添う視点ではなく、全体を上から見下ろすような視点に立ってモノを言うことになります。

たとえば先ほど私は、「1990年代には新宿区内だけで路上で亡くなる方、路上から救急搬送されて入院先の病院で亡くなる方が年間40人から50人いた」という話をしました。このように私たちは社会の問題を訴えようとする際に、個々の死を具体的な数字に換算して語ってしまう、ということを行いがちです。

シベリア抑留を経験した詩人、石原吉郎はこのような死の語り方を「計量的な発想」と呼んで痛烈に批判しています。彼は「アイヒマンの告発」という文章の中で、広島の原爆被害の語られ方についてこのように述べています。

「私は、広島告発の背後に、『一人や二人が死んだのではない。それも一瞬のうちに』という発想があることに、強い反撥と危惧をもつ。一人や二人ならいいのか。時間をかけて死んだ者はかまわないというのか。戦争が私たちをすこしでも真実へ近づけたのは、このような計量的発想から私たちがかろうじて抜け出したことにおいてではなかったのか」

そして彼は、「広島を『数において』告発する人びとが、広島に原爆を投下した人とまさに同罪であると断定することに、私はなんの躊躇もない。一人の死を置きざりにしたこと。いまなお、置きざりにしつづけていること。大量殺戮のなかのひとりの重さを抹殺してきたこと。これが、戦後へ生きのびた私たちの最大の罪である」とまで言い切ります。

その背景には、「死においてただ数であるとき、それは絶望そのものである。人は死において、ひとりひとりその名を呼ばれなければならないものなのだ」(「確認されない死のなかで」)という自身の体験に基づく彼の信念があります。

私はここに「人称」の問題が潜んでいると考えます。「人称」とは、私たちが英語を学習する際に学ぶ「一人称」、「二人称」、「三人称」という、あの人称です。

私は、個々の生活困窮者が抱える問題に向き合いながら、そこから見えてくる社会の構造の問題点を社会に投げ返していくという活動をしています。

路上での夜回りや個々の相談場面では、私は一対一の形で「生活に困窮されている○○さん」に向き合います。これは言わば、「I」と「YOU」の関係であり、私が向かい合っている方は二人称単数の「YOU」として私の前に立ち現れます。その「I」と「YOU」の関係において、私は相手を見ると同時に、相手からのまなざしに直接さらされることになります。「支援するとか言っているけど、あなたは私に何をしてくれるのか」という視線にさらされるわけです。そこでは相手にとっても私は「YOU」として立ち現れます。

しかし、そうした個々の相談・支援活動から見える社会の制度や意識の問題、たとえばセーフティネットの機能不全や自己責任論の問題について広く人々にアピールしようとする際、私は生活困窮者を「YOU」としてではなく、「THEY」（三人称複数）として語ることになります。路上で亡くなった方の数など具体的な数字を出すことで社会にインパクトを与えたい、という意図がそこに働くからです。

ここにおいて、一人ひとりの「YOU」の死は「THEY」の死の一部として語られることになります。「一人ひとりその名を呼ばれなければならない」はずの死を計量の問題として語ってしまうのです。

新宿区内の路上で亡くなった方の中には、私自身が夜回りの中で出会い、顔も名前も知っている方も含まれます。そういう方の死を、計量を構成する要素として語ってしまうこと。私はそのことが社会を動かすために必要だと思って意識的にやっているのですが、同時にそういうことを続けていくと「自分自身のいのちに対する感受性が磨滅していくのではないか」という恐怖にとらわれることがあります。

2011年3月11日に発生した東日本大震災でも、「死者・行方不明者が2万人を超えた」という語り方がよくなされます。災害の規模を示すために、死を計量として語ることは避けられないことだと私は思います。しかし、そのように人の死を「THEY」の問題として語る時、私たちは、その数字の中に一人ひとりの交換不可能な「I」の死があり、その死を「YOU」の死として悼んでいる人がいることを忘れてはいないだろうか、と自問自答していくことが求められているのだと思います。

亡くなった一人ひとりの方に顔があり、名前があり、家族や友人などつながりを持った人たちがいたということ、そして津波に流された写真を探し出し、その面影を脳裏にとどめることで、なんとかその方の「第二の生」を生かそうしている人々がいる、ということ。石原吉郎には「甘い」と言われるかもしれませんが、亡くなった一人ひとりの「第一の生」と「第二の生」に想像力をめぐらすことで、私たちはなんとかいのちに対する感受性を守り続けることができるのではないか。私はそのように考えています。

一人ひとりのいのちに対する感受性を磨滅させた先には何があるのでしょうか。

その先にあるのは「社会変革という大義を実現するためには、個々の人間のいのちをも手段として用いてもよい」という発想です。

19世紀末のロシアには「飢えて死ぬ人が増えれば、社会不安が増大し、変革の時期が早まる」と夢想した革命家がいたと言います。

そしてその後に来た20世紀という時代は、世界各地でこうした「いのちを道具化する論理」がまかり通った時代だったのではないかと考えます。

私は一歩間違えば、自分もそうなりかねない、という危機意識を持っています。一人ひとりの「ＹＯＵ」と向き合うことをやめ、「ＴＨＥＹ」の問題解決のみに邁進しようとする時、誰もがこうした「いのちの道具化」という罠に陥る可能性があると思います。

私はこの問題を、社会的な活動に関わろうとする者が避けて通ることのできないジレンマとして、「活動家のジレンマ」と呼んでいます。

「活動家」という言葉は、とかくマイナスイメージで語られがちですが、「貧困や差別など社会の中で見過ごされそうな問題に敏感に反応し、社会全体で取り組むべき問題として問題提起をしていく存在として積極的に評価していこう」、「プラスのイメージを与えていくことで社会的活動に関わる人を増やしていこう」ということを近年、湯浅誠など私たちの仲間が唱えています。私もその趣旨に賛同しますが、同時に、社会的活動に関わろうとする人はぜひこの「活動家のジレンマ」から逃げないで向きあってほしいと願っています。

なぜなら、「活動家」に対するマイナスイメージが広がったのは、「活動家」自身がこのジレンマに正面から向き合ってこなかったことも一因にあるのではないかと考えるからです。

社会の構造の裂け目に追いやられた一人ひとりの「生と死」に向き合うこと。そうした悲劇を引き起こしている社会の構造そのものを変えていくこと。この2つはどちらも大切な営みだと私は思います。しかし、その両方に関わろうとする際、私は時に引き裂かれるような思いに駆られることがあります。

一人ひとりのいのちに寄り添おうとすると、それだけで途方もない時間がかかり、制度や政策の問題に取り組んでいる人が「空中戦」をやっているようにしか見えなくなる、という傾向があります。一方、社会の仕組みを変えようとすると、これまたそのことに膨大な時間がかかり、一人ひとりに寄り添っている人が多勢に無勢の「モグラ叩き」をやっているようにしか見えなくなることがあります。そして次第に両者が反目し合い、結果的にますます問題解決が遠ざかる。そんなことが今まで何度も繰り返されてきたのだと思います。

だから、その両方にコミットし続けることが求められているのだと私は思います。

そしてこれは決して、狭い意味の「活動家」だけの話ではありません。

たとえば、写真家やアーティストやジャーナリスト、あるいは「卒論のテーマ」を探す学生が貧困や差別など社会の構造の中で苦しんでいる人に出会い、直接話を聞く。次第に話を聞くだけではなく、その人を苦しませている社会の構造の問題にもコミットしようとする、ということは人として自然な心の動きです。

「ＹＯＵ」と向き合いつつ、「ＴＨＥＹ」の問題を解決したいと願う時、その人はそれまでの「自分は○○○である」という自己規定からはみ出し、「活動家」的な要素を持つことになります。本人が自分のことをそう呼ぶかどうかは別として、「活動家」的な生き方を選択することになるのです。

その際に、「活動家のジレンマ」から逃げないこと。むしろ「ジレンマ」そのものを生きていくこと。逆説的に響くかもしれませんが、私はそれこそが「活動家」であることの存在意義ではないかと思っています。

「ＹＯＵ」と「ＴＨＥＹ」の間で揺れ動き、引き裂かれること。引き裂かれている自分自身の姿を社会にさらしていくこと。そうすることによって、個々人の「生」をないがしろにしている社会システムの本当の姿を人々に知らせることができるのではないか。私はそんなふうに夢想するのです。

「引き裂かれる」という言い方は苦行のように聞こえるかもしれません。私が理想とするのは、「ヤジロベエ」のようになることです。「ヤジロベエ」は左右に揺れ動きますが、足元の支点はぶれません。それにならう形で、「ＹＯＵ」と「ＴＨＥＹ」の間を揺れ動くけれども、自分の足元はしっかりしていて、一時的にぐらついていても平衡感覚を取り戻せる。しなやかにゆらぎ、揺れている自分自身の生き方を肯定できる。そんなふうになりたいと願っています。

5時間目

DV・暴力の影響と、そこからの歩み

中島 幸子
NPO法人レジリエンス代表

DV・暴力の影響

DV（ドメスティック・バイオレンス）とは、パートナーシップの間で起こる暴力で、身近に起きている問題です。DVを夫婦げんかのようなものだと勘違いしたり、「多少の暴力は夫婦だから仕方がない」と考えている人が残念ながらまだ大勢いますが、DVという暴力は、被害にあっている人の人生に長く影響を及ぼす非常に大きな問題なのです。

私が代表をつとめるNPO法人レジリエンスでは、被害者のことを☆（ほし）さんと呼んでいます。夜空の星のように、いろんな輝きを持っている人、という表現です。加害者のことは、バタラー（暴力をふるう人）の頭文字をとってBさんと呼んでいます。

必ずしもBさんが男性で☆さんが女性というわけではありません。少数ですがBさんが女性で☆さんが男性という組み合わせもありますし、同性愛のパートナー間でもDVは起きています。しかし圧倒的に多い組み合わせというのが、Bさんが男性で☆さんが女性というもので、それは統計にも表れています。日本だけでなく、他の国でも同様です。また結婚していない関係性でも同じことが起きており、「デートDV」という言葉を使って、若い人たちにも情報提供を行っています。

DVとは、一方がもう一方の人の上に立ち、パワー（権力・力）を使って下の人をコントロール（支配）することです。その手段としてBさんは様々な暴力を用います。

パワー（力・権力）とは力の差、力関係といったことです。具体的にはどのようなことでしょうか。Bさんは、自分の意見や考えは常に正しく、☆さんを自分よりも下で劣っているとみなし、自分と違う意見や考えを持っていると「間違っている」として自分の意見・考えを押しつけます。下に置かれている☆さんは「力を持ってはいけない」と言われ、仮にBさんに意見すると、けなされたり暴力で封じ込められるなどして、結局Bさんに従わざるを得なくなります。それが上の人が持つ力、パワーです。このパワーは見えにくく、数字で測ることもできませんが、様々な場面で気づくことができます。たとえば、家の中でテレビのリモコンを握りしめている人はいませんか。その人だけがチャンネルを変える権利を持っているのであれば、その人だけが力を持っていることを表しています。他の誰かが「他の番組見たいから変えていい？」と聞いたときに、怒鳴り散らしたり、ブスっとして出て行ってしまったり、リモコンを投げつけたり、といったことをすれば、他の人は次からチャンネルを変えたいとは言い出せなくなるでしょう。

コントロール（支配）とは具体的には、Bさんが☆さんを思い通りに動かすために、☆さんの行動を制限したり強制することを表しています。☆さんをBさんの意見、考えに従わせるよう、暴力を使って仕向けるのです。一方的なもの、一人だけが正しいとされるところ、それがDVの関係性の中で見えてきます。

Bさんは相手へのコントロール（支配）の手段として暴力を用います。世の中では、☆さんが亡くなってしまったり、あやうく死にそうになるほどの暴力、すなわち身体的暴力の中でも程度のひどいものがDVとして報道されていますが、それだけではありません。

暴力の種類は主に身体的暴力、性暴力、経済的暴力、精神的暴力の4つに分類して考えるとわかりやすいように思います。

身体的暴力には殴る、蹴る、火傷させる、髪の毛を引っ張るなど、直接☆さんの体に触れる形で害を及ぼすものも数多くありますし、☆さんの体に触れない方法で大きな影響を及ぼすこともあります。例えば、☆さんが病気やけがをしているときに病院に行かせない、薬を飲ませないといったことや、家から出さない、食べ物を渡さない、寒いときに外に閉め出すといったことも、身体的暴力と言えます。Bさんは☆さんに指1本触れていませんが、☆さんの体に及ぼす影響は、非常に大きなものです。

　性暴力としてはレイプ、無理強いされるセックスといったことを思いつかれると思いますが、それだけではありません。性病をうつす、携帯電話のカメラなどで裸の写真を撮ってそれを脅しに使う、体の部分について罵る、性癖の押しつけ、避妊に協力しない、そうした様々なことも含まれてきます。避妊に協力しないということ自体大きな暴力なのですが、ＤＶの関係にある場合、これがもっと大きなことにつながっていきます。研究では、☆さんが妊娠すると暴力が始まるか、悪化する可能性が非常に高いと言われています。すると、流産、早産、死産、複雑なお産などにつながります。あるいは中絶を選ばなくてはいけなくなったり、望まない子どもをたくさん産まなければならなくなったり、後々まで影響が続きます。どれをとってみても大変なことです。

　経済的暴力は、Ｂさんの収入がいくらあるかを☆さんに絶対教えない、限られた生活費しか渡さず足りなくなると☆さんに土下座をさせる、☆さんが働きたいのに禁止する、逆に☆さんが仕事をやめたいのにやめさせない、☆さんに借金をさせてＢさんが使いこむ、といった様々なことが含まれてきます。様々な形で、お金や社会的地位を利用して、☆さんの自由を奪うということが、経済的暴力の中では起きています。

精神的暴力とは、心理的虐待、モラハラ（モラル・ハラスメント）などと言いかえることもできます。無視する、悪口を言い続ける、けなす、脅す、常に監視する、☆さんの大切なものを壊したり捨てる、相手の体調や状況を軽視する、恥ずかしい思いをさせる、などなど、ありとあらゆる例が含まれてきます。

暴力を4種類に分けて見てみましたが、どんな種類の暴力であったとしても、☆さんが受ける影響の、土台の部分は共通しています。それは、深く心が傷つき、トラウマになるということです。どんな種類の暴力であっても、必ず心が傷つきます。人から暴力をふるわれたことに伴う感情は、自分にとって抱えにくく非常に大きくて重い感情です。暴力の話は人に相談しにくいものです。中でも特に性暴力や経済的暴力について考えれば、どれだけ話しにくいことかが見えてくるでしょう。暴力がなかったとしても、普段から自分の性生活や経済状況について他人に話す人はあまりいません。暴力がそこに加わってきたとき、さらに話しにくくなります。☆さんは誰にも相談できずに、傷つきや抱えにくい大きな感情を自分だけで抱えざるを得ない状況に置かれ、傷つきが心に根をはっていきます。

この根がどれだけ深い部分にまで入っているかによって、心のケアをするワークの必要性も変わってきます。例えば、☆さんがBさんから離れて安全に暮らし始めたとしても、心が軽くならず、つらさが続いたり、うつなどになって働けない、動けない、という状態になることがあります。それは、心の傷つきの根が自分の中に残っているからです。現在新たな暴力にはあわなくなっていても、かつてBさんにされたことが傷跡として残っているから重いのです。傷つきというのは悪質な雑草みたいなもので、抜こうとしてもブチッと切れて根が残り、そこからまた生えてくるような感じです。そうした根を少しずつ自分の中で抱えやすい形に変えていく作業として、心に対するケアが非常に大切です。

力を持っている側の人が相手を支配するために暴力という手段を用いるのがDVだと述べました。暴力をふるえば、人は従うようになります。暴力をふるわれたり、ふるわれそうになったら、誰でもBさんの顔色をうかがい安全なほうを選ぼうとします。

☆さんにとって苦しいのは、実際に何らかの暴力にあっている時だけではありません。Bさんがだんだん不機嫌になっていく時期には、☆さんはハラハラし、ザワザワした不安を常に感じさせられます。何か言ったら暴力にあうのではないかととても慎重になります。自分の意見を無防備に言うことはできなくなります。

暴力をふるったあとに優しくふるまうBさんも中にはいます。しかしそれは本当の優しさではありません。レジリエンスでは下手《したて》に出るコントロールと呼んでいます。たとえば、Bさんは暴力をふるったあと「君のことが本当に好きなんだ、ごめんね」と言ったりします。「今度旅行に行こう」と言ったり、プレゼントを買ってきたりするかもしれません。しかしこうして優しく見せかけるのは☆さんを思ってのことではなく、別れてほしくない、罪悪感を軽くしたいなど、Bさん自身の何らかの目的があるからで、コントロールの一種なのです。本当に優しい人であれば、そもそも暴力をふるいません。暴力の直後に優しくなることは、だんだん機嫌が悪くなっていくまでの期間限定の優しさだということも、目的を達成するための手段であるということを裏付けています。

恐怖を抱かせる、暴力をふるう、やさしく見せかける、といった行動や態度はすべて、Bさんが人を操るためにコントロールの種類を入れかえているだけだということの表れです。DVというのは、暴力が発生している時だけが大変なのではありません。☆さんは四六時中いつでも気の休まる時がありません。

二人の対等な人たちがお互いに尊重しながら親密な関係を持つことができれば、それはとても良い状態と言えます。しかし、親密になった後に暴力が発生すると、☆さんは非常に混乱します。最初から自分を傷つけてくる人に対して好意を持つ人はあまりいないでしょう。交際の始まりの頃はBさんは自分をよく見せるよう、下手に出るコントロールから始めています。暴力が発生した瞬間に、Bさんが相手を尊重していなかったことが明らかになります。尊重と暴力は両立できません。相手を尊重していながら、その人に対して暴力をふるうということはありえないからです。すると二人の間には、親密な関係性と暴力がある関係性という両極端なものが残ります。これは☆さんに混乱をもたらします。例えば、殴る蹴るという暴力の直後に、Bさんが☆さんに対して「君のことが大好きだからついカッとなってしまう」「どうでもよかったらこんなに怒らないよ」と言ったとしたら、☆さんには「それだけ私のことを思ってくれている」という愛情系の言葉に聞こえてしまうのです。

同じ人からほぼ同時に正反対のメッセージを送り込まれると、人は誰でも混乱します。戦場でも同じような方針がとられています。例えば、捕虜に対して暴行をふるって優しくするということを繰り返します。こうした方法をとると人は精神的に混乱し、弱くなり支配しやすくなるからです。戦場で起きていることが、パートナーとの関係性の中で起きているのです。

こうした混乱によって☆さんが葛藤し苦しむこともあります。「こんなひどいことをする人とは別れたほうがいいだろう」と頭の片隅で考えつつ、「この人と別れたくない」「この人は私を必要としている」「この人を理解できるのは私しかいない」「いろんなことがあるけれど、やっぱりこの人は私のことを好きなんだ」と、自分の中で正反対の声が聞こえてきて、どうしたらいいかわからなくなります。

☆さんとBさんの意識があまりにも違うということも、☆さんの混乱を深めます。例えば、☆さんが身体的暴力を経験した直後にBさんからセックスを求められ、セックスをしたとします。セックスをしたくなくても、このタイミングで拒否できる☆さんはほとんどいません。このタイミングで拒否したら、さらにひどい身体的暴力をうける可能性があると感じるからです。☆さんは自分が望んでいない性行為をしなければならず、性的自己決定権が奪われています。これは性暴力です。身体的暴力、性暴力によって心も傷ついているので、精神的暴力も発生しています。3つの暴力が発生しており、非常に深い傷つきにつながります。

一方、Bさんは同じ出来事をどのようにとらえるでしょうか。「自分は暴力をふるっていない」と暴力を否定するBさんは非常に多いです。たとえ認めたとしても「大したことじゃない」「あれは単なる夫婦げんかで、ちょっと小突いたら向こうが階段から落ちたんです」と、様々な言い回しで矮小化します。そして、Bさんは「あれはもう済んだことです」「あのあとセックスして仲直りしたんです」と言うでしょう。

一方が性暴力と感じている行為を、もう一方は仲直りや愛情表現としてとらえており、☆さんはこうした意識の違いにさらに傷つくことになります。さらに「もう終わったことなのに、いつまで泣いてるんだ」と☆さんが責められることさえあります。


Bさんによくある考え方の1つに、「謝ったら終わりになる」という発想があります。☆さんがどれだけ傷ついたのかという点は全く考慮されません。

例えば、Bさんが暴力をふるったあと、急に土下座をして泣き始めて、「自分が悪かった、二度としないから許してほしい」と謝ったとします。本来謝らなくてはならない人（この場合はBさん）にできるのは「謝る」ことのみです。許すか許さないかを決めることができるのは、謝られている人（この場合は☆さん）だけです。しかし、もし☆さんが許さないと決めたり、迷ったりすれば、「なぜ謝っているのに許さないんだ」とさらなる暴力につながることもしばしばです。これは「謝ったら許されるべき」というBさんの勝手な解釈です。しかし、残念ながらこう考える人が世の中で少なくありません。先ほどのBさんが謝っている様子を第三者が見ていたら、Bさんが非常に反省しているように見え、「こんなに謝っているのだから許してあげたらどうですか」「もう一度チャンスをあげては」と言う人が出てきます。☆さんはどちらを選択してもつらいことになります。「許しません」と言えば、「あれだけ謝られているのに許さないなんて冷たい人」と見られてしまいます。本当は許したくないと思っていても「許します」と言わざるを得なかったら、自分の傷つきを何ら理解されないまま「終わったこと」とされてしまい、後でとても落ち込みます。

もう1つ、Bさんは自分の暴力について過去形で話したがるという特徴があります。例えば、☆さんが「もう耐えられない」と思い別れようとすると、BさんがあわててDVについての本を読んだり、加害者更生プログラムに何度か通って、☆さんに「自分がどれだけひどいことをしてきたかがやっとわかった」「自分は変わった」と言ったりします。今まで「自分は暴力なんてふるっていない」「お前が悪い」と言い続けてきたBさんが「自分が悪い」と言いDVのことを学ぼうとしていると思うと、☆さんは「やっとわかってくれた」「変わってくれた」と希望を持つかもしれません。しかし、Bさんが自分の暴力について過去形で話していることに要注意です。本当に暴力についてBさんが理解し、二度と暴力をふるわないよう変わるというのは、本を1冊読んだり、何度かプログラムに通うだけでできることでは絶対にありません。暴力をふるって相手を自分に都合のよいようにコントロールするという生き方をしてきた人が、暴力をふるわずに相手を尊重し、時には自分に都合の悪いことも我慢したり妥協したりしながら生活していくということは、まるで今まで使ってきた日本語をまったく使わず、1冊本を読んで何度か講座に通っただけのイタリア語で今後は生活をする、というくらい大変なことです。新しいやり方で生きるためには、何カ月も何年も継続して努力し続け、一生学んでいく必要があるのです。もちろん、それができる人も中にはいますが、かなり少ないというのも事実です。

☆さんをサポートする人や周囲の人は、「本当に謝るということはどういうことか」「自分の行為の責任をとるということはどういうことか」ということを正しく知っておく必要があります。さもないと、☆さんをさらに傷つけることにつながってしまいます。

周囲のサポート・回復への道のり

暴力をうけると、心も体も傷つきます。体は、よっぽどのことでない限り元の状態に戻ろうという力があり、多くの傷は時間とともに徐々に治っていきます。しかし、心の深い傷つきは、適切なケアをしなければ時間とともに自然に傷がなくなるという性質のものではありません。

心が傷ついたときに、体が代理となってＳＯＳの信号を出すことがあります。心は場所がなく悲鳴を上げるのが難しいため、「大変なことが起きていますよ」というサインを外部と接触のある体が代理となり、その人なりの症状として出すことがあるのです。過食症になったり、逆に何ものどを通らなくなったり、睡眠障害として寝られなくなる人もいれば、寝たら起きられなくなる人もいます。体の節々が痛い、熱が出て下がらない、診察してもらっても原因がわからないというときには、もしかしたら心が傷ついているのかもしれない、と考えてみてください。

また、感じ方は一人ひとり違うので、同じ経験をしたとしても、ある人は大したことがないと感じ、ある人は寝込んでしまうかもしれません。どちらが正しい、間違いの話ではなく「大したことはない」と感じることも、「とてもつらかった」と感じることもＯＫなのです。「自分は大したことと感じなかったけれど、この人にとっては大きなことだったんだ」と思える力が尊重につながります。

暴力と尊重は両立しないということを先に述べました。相手を尊重していれば、その人に対して暴力をふるうということはあり得ないからです。ＤＶやいじめ、虐待、パワハラといった人間関係の中で起こる暴力では、かならず尊重が欠けています。暴力とまではいかなくても尊重に欠けた言動をしてしまう、されたことがある、という経験は誰にでもあるでしょう。たとえば、会話の中で「普通は」「常識では」「当たり前」「みんなそうしてる」といった言葉を使ったことがない人はいないでしょう。これらの言葉は悪い言葉ではありませんが、要注意です。なぜなら、「普通は」と言われたら、言われた人は自分が「普通じゃない」「おかしい、変な人」と言われている気になります。しかし一人ひとり考え方や感じ方は違います。自分もＯＫ、自分と違っていてもＯＫと考えられるのが尊重です。普段何気なく使っている「普通」とは何なのか、これは本当に全国共通の常識というものなのか、考えることも必要です。

日常生活の中で、一人ひとりがパートナーシップ、友達関係、親子関係といった自分の周りの関係性をふり返り、尊重しあう関係性を築いていくように気をつけていくことが、地道ではありますが暴力を減らすための道になるのではないかと思います。

☆さんが暴力にあっていることについて誰にも話せない、相談しにくい、と感じているということは先に述べました。☆さんが勇気を出して相談した時に、相談された人が「なんで別れないの?」と言ってしまったら、☆さんは二度と相談できないと感じるでしょう。☆さんも「別れたほうがいい」と言われるのは多分わかっているのです。わかっているけれど、別れたくないと感じたり、別れられない様々な理由があったり、どうしていいかわからないから相談しているのです。「あなたがよっぽどのことをしたから相手が怒ったのでは?」というのは、暴力を正当化した言い方です。暴力を正当化できる理由はありません。「そんなに大変だったら、私がBさんに文句を言ってきてあげようか?」というのは、☆さんが人に相談していることがBさんにばれてさらなる暴力を受けることになるので、非常に危険なことにつながります。若い人が親にやっとの思いで相談したときに、親が「何でもっと早く言わなかったんだ!」と怒ってしまうこともあります。親の気持ちとしてはわかりますが、そう言ってしまうと☆さんは余計傷ついてしまい、もう相談したくないと思ってしまう可能性もあります。親のショックな気持ちは別のところで処理することにして、まずは「言いにくいことを言ってくれてありがとう」という言葉に言い換えることができたらと思います。

「なぜ」「どうして」という言葉は、傷ついている人にはとても重く感じる言葉です。自責の念が強くなっている時期に、「なぜ」「どうして」という質問をされると「私がいけないの?」と、さらなる自責の念につながりやすい言葉だからです。

☆さんが相談に来られたときには、できるだけ多くの情報を、トランプをテーブルの上に並べるようなイメージで伝えてください。例えば、「こういう本がありますよ」「どこそこの図書館にDVの本やビデオがおいてありますよ」あるいは「こういう相談窓口があって、月曜から金曜の何時から何時までやっているみたいですよ」「こういうインターネットのページがありますよ」「こんな講座がありますよ」というようにです。手渡しではなくテーブルに並べるイメージというのは、☆さん自身がたくさんのトランプの中から実際にやってみるかどうかを選ぶことが大切だからです。本人が自分の力を取り戻すために、自分が選ぶというところからスタートするのです。やってみたら合わないかもしれません。試行錯誤です。ある人に合った方法が皆に合うわけではありませんし、やってみないとわからないことです。だからこそ、たくさんの選択肢が必要なのです。ひとつやってみて合わなかったら、別なものを行えばいいのです。良い情報は持っていて損をしません。情報は人の中に入ったときに、その人の知識になり、知識は力になります。支援者や周りの人が伝えた情報を、「私にはできません」と☆さんがその時には却下するかもしれません。しかし情報としては持って帰っています。数週間後に「あの人があんなことを言っていた」と取り出すことも可能です。また、必ずしもアドバイスしなければならないということもありません。わからないときには「わかりません」と言うことも大切ですし、☆さんにとっては自分の話を批評せずに聞いてくれるということが大きな支えになることも多いのです。

逃げるということが、すべての☆さんにとって必ずしも正解とは限らないと思います。人によってはBさんのもとに居続けながら、どうやって自分の安全を確保できるのか考え続ける☆さんもいます。それは一人ひとりが決めることです。その人の人生ですから、周りが決めることではありません。ただ、本人が決めるときに十分な情報が必要です。その情報をきちんと伝える役目というのは周りの人ができることです。そういったいろいろなサポートを受けながら、☆さん自身が決めていくのです。

Bさんから離れることは崖っぷちから飛び降りるぐらい大変なことだと、私は考えています。周りの人が代わりに飛ぶことはできません。「飛べ」と言って押すのもちょっと違います。☆さん本人が自分の意志で飛ぼうと思うこと、そして本人がそのタイミングを選ぶということが大切です。飛んだ後すぐに人生が良くなるということはなかなかありません。誰の人生であろうと、つらいことは必ず起きます。その時に「あの崖から私は飛び降りることができたのだから、この苦境も乗り越えられるはず」と思える実績につながるためには、自分の意志とタイミングで崖を飛んだ、ということが大切になってくるのです。周りの人ができることは「もし、あなたが飛ぼうと思う日がきたら私たちは下で待っています」というメッセージを何らかの形で伝えることだと思います。

私がDVを経験する前は、飛行機や新幹線に乗るときに窓際に座って外を見るのが好きでした。しかし逃げ出した後、ひとりで窓際に座った時に人に横に座られ、出にくいという感覚が逃げられないという恐怖感につながり、パニックを起こしてしまうようになりました。今、私は講演等で日本各地に飛行機や新幹線を利用して行くことが多いのですが、必ず通路側の指定席を取ります。私の中には暴力の影響によって弱くなってしまった部分があり、そこは、例えば大雨が降ったら雨漏りをするような場所になってしまっています。雨漏りすることは防げなくてもバケツをおいておくことができるのと同じで、感覚を変えることはできませんが、私のためにできることはあります。それが指定席で通路側を取るといったようなことです。日常生活の中で、自分と24時間、365日間一緒にいるのは自分しかいないということを忘れないでください。「私」の専門家は私です。どんなに有名な精神科医やカウンセラーも、私のことを知っているのはほんの一部です。ですから、もしその人が言っていることと自分の感覚が違ったら、自分の感覚を大切にしてほしいと思います。

自分の人生はこうなるはずだったという思いや夢、希望は、多かれ少なかれ誰にでもあるのではないでしょうか。逆に、将来つきあった人から暴力にあったり、結婚してDVにあうだろうとは誰も想像しないでしょう。しかし被害体験というのは、ある日突然人生という道に大きな岩が落ちてきたかのように、思いもかけず訪れます。もともと進んでいた道は、大きな岩のために通れなくなってしまいます。すると、新たな道を進むしかありません。

トラウマとなる出来事の後に歩むことになった道は、自分で望んだ道ではありません。トラウマからスタートしている道ですから、どうしても傷つきや、PTSD（Post Trauma Stress Disorder 心的外傷後ストレス障害 フラッシュバックや過度の恐怖心・警戒心といった症状が現れる）系のものが目立ちやすく、歩くのが困難に感じることも多々あります。以前進もうとしていたもともとの道を見て、「あの道を歩いているはずだったのに」と悲しくなったり、しがみつきたい時も多々あります。その気持ちはとても自然なものです。私自身、もとの道への思いを100％手放すことはできていませんし、その必要もないのだと思います。もとの道を懐かしんだり、失ったものを嘆き悲しむグリーフというプロセスもとても大切なものだと思うからです。

ただ同時に、手放したくないとがっちり握っている指の力を少しずつ抜いて、今歩いている道に少しずつ焦点をあててみてください。この道もPTSD系のものばかりではありません。もう1つの要素、PTG（Post Traumatic Growth 心的外傷後の成長）と呼べるものが必ずあります。あの経験を乗り越えてきたからこそ、今の私にはこういうことができる、という力です。例えば、新しい生き方や価値観、DVの経験を生き抜くことができた（現在もできている）自分自身に気づくことができます。新しい仲間を得たり、自分自身の行動力に驚くことがあるかもしれません。ＰＴＧはすでに☆さんの中にたくさんあると思いますし、気づいて増やしていくことができるのです。

6時間目

突然の別れと悲しみからの再生
―犯罪被害の現場から―

入江 杏
世田谷事件遺族、ミシュカの森主催

悼む心が命をつなぐ

■世田谷事件　壁一枚向こうにいた妹

12月1日は、私にとって特別な日です。どうして特別な日か。それは後でお話しすることにして、まずは私の大切な家族をご紹介させて頂きましょう。

私の実の妹の宮澤泰子とその一家です。一家は2000年末の12月31日大晦日に発覚した殺人事件の被害者となってしまいました。左が私の2歳下の妹の泰子です。いつも「やっちゃん」と呼んでいましたので、この本の中でも「やっちゃん」と呼ぶことをお許しください。やっちゃんは、亡

左から泰子(享年41) にいな(8) 礼(6) みきお(44)。隣接する公園で2000年5月撮影

くなった時、41歳でした。隣が妹の連れ合いのみきおさんです、享年44でした。妹夫婦には2人の子どもがおりました。長女のにいなちゃんと長男の礼君です。にいなちゃんは8歳、小学校の2年生、礼君は6歳、小学校入学を目前にしていました。

あの日を境に私と私の家族の運命は大きく変わってしまいました。事件現場となった妹の家は二世帯住宅の隣家でした。二世帯住宅といっても玄関は別で、壁で仕切られているばかりかフロアが段違いになっているために、防音設計になっている構造でした。防音設計に熱心だったのは、妹の連れ合いのみきおさんでした。2つの家族が長く住む上で生活音が気にならないように工夫してくれたその思いやりのために、惨劇に全く気付かず、隣家の私たちは平穏な大晦日の朝を迎えたのです。

朝食を済ませたところで、妹一家と手分けして、おせちの支度をする予定でした。いつもなら、妹の子どもたち、私にとっては姪と甥にあたる2人のにぎやかな声が聞こえる時間です。ほんの数メートル離れた玄関から妹宅に入った母が数分もたたないうちに、転げるように戻ってきました。「泰子たちが…隣が全員殺されちゃってるみたい!」「何?　なんて言ったの?」

「ころされる」という表現が全くぴんと来なかった、殺人という出来事があまりにも私たちの日常から遠いことだったので、あり得ることには思えなかったのです。

妹たちの玄関ドアを開けると、異様な光景が目に飛び込んできました。奥の突き当たりの階段前にたくさんの衣類や書類、文房具などが散乱して、山積みになっているのです。その上には中身をぶちまけられた書斎机の引き出しが放り出したように置かれていました。物の山の裾から、人の足がつき出ていました。物の山に埋もれてみきおさんが倒れていたのです。何がなんだか、わかりませんでした。「触るな！　見るな！」といつもは穏やかな夫が短く鋭く、私と息子を静止しました。「一一〇番だ！」事件の始まりでした。

家族を失った、というと、姉妹兄弟というのは父母や子ども、祖父母に比べて薄い関係なんじゃないか？　と、問われることがあります。関係性というのは、何親等だから、とかそういったことではなく、いかに精神的に深く結ばれていたか、によります。

やっちゃんとは仲がよい姉妹でした。結婚してから一層お互いに助け合う形で絆が深まったと思います。お互い同士、信頼の上に築かれた、経済的、社会的なセーフティネットでもありました。その絆が突然にずたずたにされた。大切な家族を4人もあっという間に奪われた。そればかりでなく、私たち家族は住む家も事件によって失ったのでした。ソーシャルキャピタルがあっという間になくなってしまったのです。

世田谷区の閑静な、というには、あまりに静か過ぎる住宅地で起きたこの「世田谷一家殺害事件」と呼ばれる殺人事件は今なお、未解決です。現場には、犯人の血痕や指紋、靴跡（足跡）のほか、多数の遺留品が残されていたにもかかわらず、現在も捜査は難航しています。

何より動機がわからない。なぜ幼い子ども2人を含めた何の罪もない一家4人を無残に殺さなければならなかったのか、その理由は今も、全く見当もつかない、心当たりさえありません。この動機が皆目わからない、ということは、計り知れない恐怖でした、人間存在の深い闇を見せられているような思いでした。「悪意の痕跡を探る作業」と申しましょうか……生きることの美しさ、気高さをすべて否定するところからスタートしなくてはならない。それは本当に苦しいことでした。

■全き家族　ただごとの力

ここで、4人のありのままの姿を伝える写真を何枚かご紹介しましょう。家族団欒の写真。事件後、遺されたあまりにも膨大な写真をしばらく見るのも辛かったのです。家の中のあちこちに飾られた写真フレームを外し、レースのハンカチで覆ってしまいこんだりしました。目にするのも悲しくて悲しくて……。

上／礼君２歳の誕生会を家族で祝って。1996年６月

下／家族旅行にて。1995年夏

やっちゃんたちにとって意味があったはずの一瞬を私が思い起こし、心に留めておくことは遺された私のできるわずかなことかもしれない。そう思って写真の整理にようやく手をつけることができたのは、事件からだいぶ経ってのことです。

やっちゃんたち一家は、私にとってはかけがえのない家族でも、どこにでもいる平凡な家族だったかもしれません。でも今思うと、やっぱり特別に愛情に満ちた深い絆に結ばれていた家族だったと思うのです。そう思う所以は、長男礼君の存在です。

長女のにいなちゃんは利発な、人の気持ちがわかる子どもでした。2年後に難産の末生まれた礼君は、なかなかことばがでない、眼が合わない。あまりに姉のにいなちゃんとちがう弟の様子に妹たち夫婦はずいぶん心配しました。礼君が「発達遅滞」と診断された時、やっちゃんはショックを受けたようでした。初めこそ落ち込んでいたやっちゃんでしたが、やがて礼君の育みに精一杯前向きに取り組む母に成長していった姿は忘れられません。小さなお姉さんのにいなちゃんも、穏やかな父のみきおさんも、家族全員が心を合わせて礼君を支えていました。あたりまえのことをあたりまえに喜びを持って日々繰り返す。そんな「ただごとの力」の積み重ねが4人を輝かせていたのだとつくづく感じました。人の一生はその長さにかかわらず、全きものだ、とはユングの言葉です。「全きもの」パーフェクトなもの。このユングの言葉に救われた思いがした私ですが、これらの写真を見て私がいつも感じるのは、礼君の存在によって、全きものになった家族だったということです。

■サバイバーズ・ギルト　絶望の淵で

これほど生きることを愛していたのに。どれほど生きたいと願っただろうに……自責の念でいっぱいでした。壁一枚隔てて、あの日、やっちゃんは、どれほど「おねえちゃま、助けて！」と叫んだことでしょう。それなのに、私は何もできなかった……「死んでしまいたい」と思う毎日でした。今なら、メディアにも取り上げられ、多くの人に知られることになったサバイバーズ・ギルト（生き残ったものの罪責感）だ、とわかったのでしょうが、当時はただただ苦しかった。夫や息子という大切な人がありながら、自分が死んでしまいたいなんて、どうしたことか……老いた母もどれほど傷ついているか……わかっているのに、なんて無責任な気持ちだろう、と思いつつ、どうしても自分を責めてしまうのです。ママはこれっぽっちも悪くない、と私を抱きしめてくれた夫や息子。私自身が遺されたものの辛さというのを味わったはずなのに、自分が逝くことより、遺されることの辛さを味わったはずなのに。死んでしまいたい、その思いに取りつかれた日々が続きました。

自暴自棄、と言いますが、誰かに危害を加える以上に自分を傷つけてしまいそうになる。絶望の淵に立たされるとそんな気持ちになります。それはまだしもエネルギーが残っているから、とも言えるでしょう。事件当初は、不条理な出来事に対する怒りや、現実に対する抗いが、生きている証のように思えた時期もありました。その後、やがて、どうしようもない無力感に覆われたのです。なぜ妹たちが逝かなければならなかったのか？　なぜ、私でなく妹だったのか？　なぜ生きのこってしまったのか？　なぜ、なぜ、なぜ……となぜを追及しているうちに一層絶望へと追い込まれてゆくのでした。どん底に沈んだまま、もう二度と這いあがれないような思いで過ごす日々が続きました。

遺志の社会化　1枚の絵から

そんな私が本来の健やかさを取り戻すきっかけになったのがこの1枚の絵、にいなちゃんが最後に残した絵です。この絵との出逢いは、にいなちゃんのお葬式の日でした。にいなちゃんが通っていた地域の学校にご挨拶に伺った時のこと、担任の先生から手渡されました。2年生の国語の教科書に載っている物語「スーホの白い馬」から、印象に残った個所を原稿用紙に抜き書き

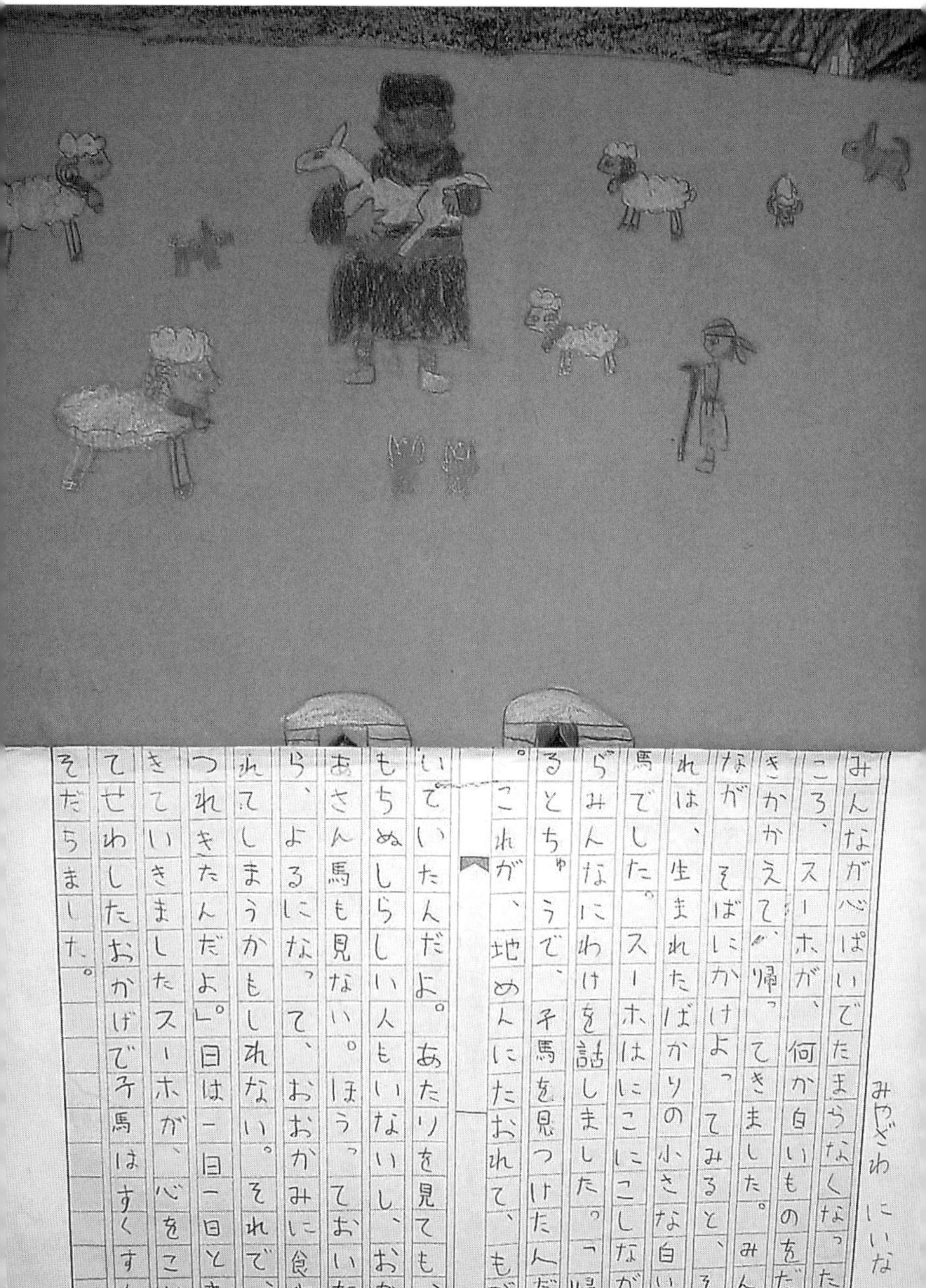
みやざわ にいな
みんなが心ぱいでたまらなくなった
ころ、スーホが、何か白いものをだ
きかかえて帰ってきました。みん
ながそばにかけよってみると、そ
れは、生まれたばかりの小さな白い
馬でした。スーホはにこにこしなが
らみんなにわけを話しました。「帰
るとちゅうで、子馬を見つけたんだ
。これが、地めんにたおれて、もが
いていたんだよ。あたりを見ても、
もちぬしらしい人もいないし、おか
あさん馬も見ない。ほうっておいた
ら、よるになって、おおかみに食わ
れてしまうかもしれない。それで、
つれきたんだよ。」日は一日一日とす
きていきました。スーホが、心をこめ
てせわしたおかげで子馬はすくすく
そだちました。

にいなちゃんが遺した最後の絵「スーホの白い馬」より

し、その場面の絵を各自が描く。国語の時間に与えられた課題でした。にいなちゃんが描いたのはスーホと白馬との出逢いのシーンです。傷ついた仔馬をスーホが助けて抱き上げている場面でした。

私はどうしてスーホになれなかったのか？　なぜ、傷ついた仔馬を助けたスーホのように、傷つき、助けを求めたに違いないあの子たちを救ってやれなかったのか？　母は「なぜ、こんな悲しい物語を子どもに読ませるんだろう……」と泣きました。

たしかにスーホの白い馬はあまりに悲しい物語でした。遺された絵本を手にとってゆっくり読むことができたのは、事件から数カ月を経てのことです。にいなちゃんのお誕生日、4月30日のことでした。

装丁額に入れた絵をよく眺めた時、私の中に何かが始まったのです。絵の真ん中には主人公の羊飼いの少年が真っ白な仔馬を抱いています。背景には緑豊かな草原、そして点在する白い羊たちとともに描きこまれている小さな羊飼いの少女を見た時、私はドキッとしました。少女の姿がまさに私が最後に目にしたにいなちゃんのたたずまいそのものだったからです。少年スーホを見つめてほほ笑む少女は、羊飼いの杖らしきものを手にしています。頭に黄色いバンダナを巻いて。

最後に4人を見たのは、事件発覚の1日前、30日の午後のこと。お正月を迎えるために、玄関の扉を家族４人で拭き清めて、松飾をつけようとしていた４人の姿です。子どもたち２人は色違いのバンダナを煤除けのように頭に巻いていました。それはかわいらしい姿に、私の傍らの夫が「がんばってるな」と思わず声をかけると、子どもたち２人は大はしゃぎで手を振ってきたのです。

にいなちゃんの最後の笑顔が蘇りました。４人の笑顔がまぶたに浮かんできました。そして、いつも私を支えてくれる夫、僕も頑張るからと健気に語る息子の存在が、確かなものに感じられました。もし、私がこのまま、どん底のままだったら、或いは、このまま死んでしまったら、遺された私の家族も辛いだろう、と思いました。妹たちが、私に家族のあるべき姿を教えてくれたのに、どうして、私がそのことを心に思わないで、死んでしまおう、と思うことが許されるだろうか……とその時、感じました。家族は、私を一生懸命、支えようとしてくれる、その支えに感謝して、生きていこう。そう思いました。

絵の題材となった物語は、モンゴルの伝統楽器「馬頭琴」の由来にまつわる民話です。主人公の羊飼いの少年スーホと白馬の出会いと別れの物語でもあります。スーホが手塩にかけた白馬は、やがて非業の死を遂げます。悲嘆にくれながらもスーホは、亡き白馬に夢で告げられた言葉に従い、馬の骨や皮や毛や筋で、楽器を作りました。それが馬頭琴です。愛馬の遺志から生まれた馬頭琴は、妙なる調べを奏で、多くの人々の心を慰めた、として物語は幕を閉じています。

なぜ姪はこんなにも美しく悲しいお話を選んで、最後に絵として残したのでしょうか？　遺されたものが亡くなったものの志を形にして社会に繋いでいく。遺志の社会化をシンボライズしたかのようなこの悲しくも美しい物語に、不思議な巡り合わせを感じました。私に与えられた道しるべかもしれない。言葉がなかなか出なかった礼のために、一生懸命読み聞かせをしていた妹。礼の存在ゆえに一層強く結ばれていた家族の絆。私にできることは何だろう？　道しるべに従うように私は絵本創作と読み聞かせに向かうのです。

■星を結んで　人の一生を物語る

悲嘆からの回復を模索した私の思いは、一冊の絵本となって、結実しました。絵本「ずっとつながってるよ　こぐまのミシュカのおはなし」（くもん出版）です。4人の7回忌にあたる2006年のこどもの日（5月5日）に上梓されました。

主人公のくまのミシュカは、4人が大切にしていた小さなテディベア。このクマのぬいぐるみに私自身を投影してお話を創りました。

無秩序に点在する無数の星の中からいくつかの星々が結ばれて、燦く星座がかたどられ、その物語が語り継がれてきたように、亡くなった人の物語を語りたい。４人との特別な一瞬、エピソードを、あたかも星を結んで星座をかたどるように描いていきました。

忘れられない冬の朝のシーン。その日は４人が亡くなったその月でした。美しく晴れた朝、「こうすると、いい音がするの」。サクサクと霜柱を踏んで見せたにいなちゃんの笑顔。冷気の中で輝く暖かい太陽のようにまぶしかった。ミシュカが心の健やかさを取り戻すきっかけになった「霜柱のひそやかな音」、このモチーフはにいなちゃんとの忘れがたい朝の一瞬から生まれました。最終ページのミシュカは、新緑の風が吹き渡る中で、微笑んでいるように見えます。大好きな人を失なった悲しみは消えないけれど、心の中でその人は生きていると語りかけています。

■読み聞かせ　心に健やかな種を蒔く

この小さな絵本は、出版後、多くの気づきと新しい出会いとを私にもたらしてくれました。ミシュカの絵本の読み手が下さったご縁、新たな人との絆、共感の輪。

何より絵本の創作を通して、心を開くことができた。他の人に対しても、自分自身に対しても、です。心を開いて、生きる喜びを選ぶことは、いつでも自分自身に委ねられた選択なのだ、これこそが、私にとって悲しみからのかけがえのない学びだったのかもしれません。

創作と同時に読み聞かせをはじめたのは、大仰な言い方になりますけれど、私が生かされた意味の1つではないか？　と直感的に感じたのです。すべての犯罪は、不毛な行為ですが、あまりにも異常な犯罪に出遭ってしまった。けれど、その異常さ、その不毛さにただ怯えていたくない。一人ひとりの心に、とりわけ子どもの心に健やかな種を蒔いていきたい。人の痛みを知る豊かな心を育てることができたなら、それこそが、迂遠なようでも犯罪の防止になるのでないか？　私にとって、犯罪の被害からの本当の回復を意味するのでは、と思ったから続けている仕事です。

■喪失と再生の物語　なぜ語らなくてはならなかったか？

２００７年12月１日。絵本に次いで書籍が出版されました。「この悲しみの意味を知ることができるなら～世田谷事件・喪失と再生の物語～」（春秋社）です。「世田谷事件」という呼称を使ってほしいと報道に申し入れしたのは私です。事件後、「世田谷一家四人惨殺事件」と呼ばれることが耐えがたかった。ただ出版当時、7年経つと、「世田谷事件」という呼び方では、どの世田谷の事件か特定できない、と言われました。当事者遺族にとって忘れられない事件でも、世間ではすでに風化しようとしていたのです。当事者にとって「風化」とは辛い表現でした。忘却は二度目の死、と言えるからです。といっても、誰を責められるわけでもありません、人は忘れることが出来るからこそ生き抜いていかれる、と、他ならぬ私自身が体感していることなのですから。私自身もまた、記憶が薄れていくことの恐怖を日々感じていました。この事件はなんとしても解決を見なくてはならない、だからこそ忘れてはならない、心に留めなくてはならない、という気持ちが、悲しみの蓋をこじ開けてでも、書かなければ、という気持ちにさせた第1の理由です。

まがまがしいイメージを払拭したくて創った絵本ではどうしても描けなかった事件のシーン。絵本では灰色の紙に、霏々と降り注ぐ雪の結晶で事件を暗示するに留めています。できる限り記述的に、客観的に自分の見たものを書き残そう。事件から7年を経て過酷な事実を受け止めようと思ったのは、何より私が全人間性を取り戻す上でそれが必要な作業だ、と感じたからでした。

「犯罪被害者遺族」という括られ方に違和感があったりしました。「被害者は打ちのめされ、泣いているものだ」という通俗的概念を打ちやぶりたくて、明るくすごそうとしてきました。けれどそうふるまうことではなく、本来の自分らしく生きるために、事実に向き合わなくてはと感じたのです。

ただそれ以前に書く原動力になった思いを一言で言うなら、「卑小化されたくなかった」これに尽きます。「私は私の苦悩にふさわしくなくなるということだけを恐れた」。強制収容所の中での体験からフランクルが語った言葉です。殺人、自殺、変死など警察が介入する事件は、公認されないものとして、別れの悲しみにも恥の意識を伴わされるのです。こんな不名誉な死に方をさせてしまった……という罪責感も増すでしょうし、自分の中で被害性と同時に加害性も感じざるを得ない。こうした結果に追いこんでしまったのではないか？　という思いもある。したり顔で因果を説く人、殺人事件と関わるのを恐れて、さっさと離れていった人、お金の心配ばかりしている人。悼む思いとは程遠い周囲の反応に、自分の悲しみが卑小化されることに抗いたかった。「悼」とは激しくこころが動く様である、と教えて下さったのは柳田邦男さんでした。激しく動く「悼む」こころがあってこそ、いのちが繋がっていく、という柳田さんの言葉がこの文章のタイトルにも生きているのです。私が本を書こうと思いたち、その後も語り継いでいこうと決意したのはこの思いからです。

また自分の体験を言語化することで、体験は共有の経験となり、支援につながるとも感じていました。犯罪被害という理不尽な暴力に起因する社会不信・貧困からの絶望・自暴自棄といった負の連鎖を断ち切る援助モデルの創出になれば、と願ってのことです。書くことで私は救われた、と言えます。この本を書き終えたことで私はようやく自分の全人間性を取り戻す糸口を得ました。自分自身をさらけ出し、客観視することで、犯罪被害者遺族というロールに立脚しながらも、本来の自分をまがりなりにも取り戻すことができたのだと思います。本の上梓は２００７年12月１日のことでした。

時効撤廃　悲しみの連帯でいのちを守る社会へ

事件から７年目を目前にして、どうしても立ち向かわざるを得ない問題が迫ってきました。公訴時効の問題です。15年という時効の存在が気になりだしたのは、事件から２年過ぎたか過ぎないかの頃でした。事件当初、私は事件はすぐに解決するものと思っていました。日本の警察は優秀だと信じていたからです。でも１年たち、２年たっても犯人は捕まりません。私たちがすべてを捧げて協力しているにもかかわらず、なんら進展が見えないのです。事件後のスラップスティックともいうべき初動に失望もしました。２年目が過ぎる頃には、その不安ははっきりと形になりました。７年半、15年の時効の折り返し地点を回ったら、もう間に合わないかもしれない、と、焦りが膨らみました。

そもそも時効とは、なぜ存在するのでしょうか？　その理由として、遺族や社会の処罰感情が希薄化することが挙げられています。悼む思いを募らせている私にとって、到底納得できない説明でした。さらに、年月を経て証拠が散逸することや、捜査費用が嵩むなどの財政上の負担が時効の存在理由とされますが、遺族の目からはすべて後付けのものと映りました。被害者の視点を排除した冷たい法律の壁の存在と向き合う時期が来たと感じていました。当時、警察庁の幹部の方に時効撤廃への思いをしたためた手紙を出しましたが、取り合ってもらえませんでした。

この思いが実を結ぶのは２００９年のことです。未解決凶悪事件の遺族の会「宙の会」が結成され、時効撤廃の活動に加わることができたのです。時効撤廃を求めるための嘆願書への署名活動を、遺族たちが手を携え、全国に呼びかけたところ、３カ月ほどの間に４万５０００余りもの署名が集まったのです。まさに国民の声が国を動かそうとしていました。翌年４月、ついに殺人など凶悪事件の時効廃止の法案が成立、即日公布施行されたのです。

この活動を通して、社会のシステムの理不尽を目の当たりにした時、仕方がない、とあきらめるのではなく、システムの方を変えよう、そう思い立つことが必要なんだと感じました。また多くの犯罪被害者・遺族の方々の声に耳を傾ける中で、悲しみからの修復に、どれほど個人の、家族の負担が強いられているかを、一層痛感させられたのです。

■夫の死　再びの悲しみ

再生の物語を支えてくれたのは、家族でした。とりわけ夫がいつも見守ってくれたのです。連れ添って今年で30年になるはずでした。いつも朗らかで爽やかだった夫が突然逝ってしまったのは事件から10年目の２０１０年の冬のことでした。1月12日の朝、電話中に首の付け根から背中の痛みを夫が突然訴えたのです。すぐに救急車に連絡しました。息苦しいというので酸素マスクをつけて救急車で近所の病院に搬送される車中で、夫はだいぶ落ち着きを取り戻していたように見えました。「痛い？　苦しいですか？」という私の問いかけに「さっきよりだいぶ楽になった」と笑顔さえ見せてくれました。その日は、息子の大学院入試の最終日だったのですが、夫は息子には連絡しなくて大丈夫だ、と言うのです。きっと苦しいはずなのに「たいしたことないから」とほほ笑む夫に、私は胸騒ぎを抑えきれませんでした。

胸騒ぎは、ひたひたと背後から迫る汐のように、あっという間に私のこころを満たしました。病院に搬送後、半時間後に緊急手術、手術前にかけつけた息子と私に夫はいつもと変わらぬ爽やかな笑顔で「心配するな」と語りかけ、そのまま、帰らぬ人となりました。病名は大動脈解離、享年60でした。同級生の誰よりも風貌は若いといわれていた夫、スポーツマンでお酒もたばこもたしなまない彼が、これほどの若さで逝ってしまうとは誰が想像したでしょう？

10年前、妹たちの事件に遭遇した時、これほど辛いことは二度とあるまいと思っていた自分の迂闊さが責められてなりません。不意を打たれた、とはこのことでした。まさか10年目の2010年の幕開けが、最愛の夫の死とは。10年目のお正月、「やっとあたりまえの日々が戻ってきたね」元旦に語り合ったものでした。10年の間、殺人事件の被害者遺族としての日々、夫は事件後、半年以上も仕事を休んで私たち家族に寄り添ってくれました。あれほど心血を注いでいた仕事を半年も休むのは、自分の会社だとはいえ、大変な決断だったでしょう。その後、仕事に復帰した後、事件後の停滞から業績をさらに上げる現在の状態に戻すまで、きっと重責があったはずなのです。それでもいつも朗らかな人でした。少年の時の夢を持ち続けていた人でした。夫は自分は被害者遺族だと認めたくない、と最後まで言っていました。悲しんでいる私のサポーターだと言い張るのです。夫の被ったもの、当事者としての悲しみを認めたくはなかったのかもしれません。私が泣いているのを見るのが何より辛い、と言っていました。ママは明るいのだから、ママは本当に強いから、と言うのです。ありのままの私を認めてくれる夫の存在があったから、前を向いて歩いて行けたのだと思います。事件後、「この人に添えてよかった」と一層しみじみ思えた人でした。事件の影から精一杯、家族を守り続けてくれた夫は爽航院の戒名通り、爽やかな笑顔を残して、４人の待つ彼岸へと航ってしまいました。告別式は、雪が霏々と降る寒い夜のことでした。

実は、今日、この授業の日、12月1日は奇しくも夫の誕生日です。冒頭に、特別の日、と申し上げた所以です。夫の急逝後、悲しみの扉がまた開いてしまった、というのでしょうか？　今までに積み上げてきたものがすべて消えてなくなってしまったような……。こうした講演活動ができない日々が半年以上続きました。涙がこぼれて、胸が痛んで、腸がきりきり焼けるようなそんな思いです。正直言って、妹たちが逝った時より悲しかった……息子も私に「おんなじ気持ちだよ……」と言って、2人で泣きました。でもこうしてお話できるのはなぜでしょうか？　それはわかりません。……私のすべてを認めてくれた夫の思いになんとかこたえようとしているのでしょうか？　夫の急逝後、死への誘惑に駆られた思いから、自殺防止の活動に力を注いだことも支えになったと感じています。

■「人間の土地」人間の尊厳

夫はレースエンジンの設計を手掛けていました。ほんの子どものころから車が大好きで、自動車修理工場でエンジンをいじって遊んでいたそうです。走るのも好きでした。かけっこが速かったからです。いつも運動会で一番だったようです。私と正反対ですね、運動会なんて嫌いでしたから。空を飛ぶものも好きでした。今日は夫の誕生日なので、皆さまにはちょっとだけ我慢してください。夫は理科系で、技術者でしたから、文学とは無縁でしたが、夫は私にサンテグジュペリを想起させました。青春の書といったら、飛行機乗りだったサンテグジュペリの砂漠での体験を描いた「人間の土地」をあげるでしょう。「人間であるということは、とりもなおさず責任を持つということだ」という一節、ほめすぎかもしれませんが、夫には責任という言葉がふさわしいと感じています、事件から一度も逃げることなく、家族を守ってくれました。こんな風に自覚的ではなかったかもしれませんが、いつも決して身を引かず、見守り続けてくれました。人間としての尊厳と矜持の中で、60年の生涯を全うしたと感じています。

宮澤賢治の寓話に「ツェねずみ」という掌編があります。賢治のお話のツェねずみは、まさにこせこせしたろくでなしのシンボルです。ことあるごとに「まどってください！」これは弁償してください、という意味なんですが……「まどってください！」を叫ぶわけです。相手の好意ばかりをせがみながら、逆恨みして自分勝手な理屈ばかり言っていたツェねずみはとうとう、哀れな最期を遂げる、という物語です。

まどってください、こう叫ぶ権利がだれよりもあったのは私ではなく夫だと思っています。夫は刑事さんから「一番損をしたのはご主人ですね」と同情されたことがありました。損と言われればそうかもしれません。経済的なダメージはもちろん大きかったですが、それ以上に、夢を抱いて仕事を続けていた夫にしてみれば、油の乗り切った時期に、家族のためとはいえ、仕事の方向転換を大きく迫られたことが残念だったに違いありません。でも一度も愚痴を言ったことがありませんでした。

夫は最もツェねずみから遠い人だった。だからこそ、私も何度も何度も「まどってください！」と叫びたくなることがありながら、やがて、「誰にまどってもらわなくてもいい。それ以上に、自分の中にまどってほしいと願うツェねずみがいることがたまらなく嫌だった」「私はツェねずみにはならない、そう誓った。心にあいた穴を埋めるのは自分自身だ、自分で自分の人生の意味をもう一度見出さなければ。私の人生の創り手は私以外の誰でもないのだから」という心境に辿りつけたのだと思うのです。

ただ、今、時に「ツェねずみ」になってもいいのではないか？　個人の力で誰に頼ることなく、家族を守り抜いた夫を失った今だから、そう思うことがあります。もやいの事務局長の稲葉剛さん、この連続授業の講師のお一人でもある稲葉さんが「ツェねずみだっていいじゃないですか？」とおっしゃったお言葉が今、腑に落ちるような気がするのです。悲しみの修復のための負担を、個人や家族だけに負わせてよいのだろうか？　他者の苦しみへの責任を一人ひとりが感じる必要があるのでは？　と強く感じるこの頃です。最後に賢治の言葉を引いて授業を終えたいと思います。

「世界がぜんたい幸福にならないうちは個人の幸福はあり得ない」

7時間目

命を問う
―ケアされる存在としての人間―

小館 貴幸
介護福祉士

人間存在とケア

人間は一茎の葦にすぎない。

自然のうちでもっとも弱いものである。

だが、それは考える葦である。

彼を押しつぶすには、全宇宙が武装するにはおよばない。

ひと吹きの蒸気、ひとしずくの水が、彼を殺すには十分である。

しかし、宇宙が彼を押しつぶしても、人間は彼を殺す者よりもいっそう高貴であろう。なぜなら、彼は自分が死ぬことと、宇宙が彼を越えていることを知っているが、宇宙はそれらのことを何も知らないからである。[i]

これはフランスの哲学者パスカルの有名な言葉ですが、あの大震災を体験した私たちにとって、いまやこの言葉は実感を伴い特別な意味を纏って心の奥深くまで響いてきます。

私は二度程被災地を訪れましたが、うず高く積み上げられた瓦礫の山、疎らになった防砂林や塩水をかぶって茶色く枯れた木々、破壊されて数カ月経っても骨組みだけになったままの建築物、押し流された橋やゆがんだ線路など、圧倒的なまでの津波被害の甚大さを目の当たりにし、声も出ずただ立ちつくすだけでした。一番驚いたのは、流されてきた電車の1車両が全く不似合いに道路わきの畑に無惨な姿をさらしていた光景です。また、辺りにずっと悪臭が漂っていたのですが、「それは津波によって運ばれたヘドロが地面にしみついたもの」と、仙台に住む友人は教えてくれました。これは決してテレビ画面ではわからず、現地に足を運ばないと気づかなかったことでした。

あの震災は、私たちの日常を打ち砕いただけではなく、高度に発達した現代文明にあぐらをかいて神のごとく何でもできるかのように振る舞っている私たちの、絶対化された人間中心主義の人間観をも打ち砕いたのではないでしょうか。人間は絶対的な存在ではありません。人間は肉体的にも「死すべき者」として有限で不完全な存在であり、その知もまた限定された知であって、自然の力によっていとも簡単に打ち負かされるような葦のごとき弱い存在なのです。

「これまで海とともに生きてきた漁師や村の人々は、あれだけの津波被害に遭っても決して海の悪口を言わない[ii]」という言葉を耳にしましたが、私たち日本人は自然の一部として自然とともに暮らし、その恩恵のもとにはじめて生きることができるのだということを、この言葉を聞いてあらためて思い知らされました。「自然を征する」という強さではなく、「自然に抱かれる（自然に身を委ねる）」という弱さこそが、私たちが培ってきた伝統的な人間観なのではないでしょうか。

近代以降、私たちは人間理性に絶対の信頼を置き、自律した人格を中心に据えた自立した個人を「あるべき人間像」とした人間観を形作ってきました。これは生命倫理の分野では、自律尊重という原則に結実し、自己決定権の尊重という形で具体的に医療の現場などで実践されています。また、これは福祉の分野では、１９７０年代にアメリカで起こった自立生活運動を挙げることができますし、現行法の福祉サービスの基本理念として、利用者が「その有する能力に応じ自立した日常生活を営むことができるように支援するもの」（社会福祉法第三条）と掲げられているように、自立支援という形で実際に行われています。

確かにこのような人間観が根底をなすことは疑いないのですが、しかしこれを絶対視してしまっては、ここからこぼれ落ちる存在を見逃してしまいます。声をあげ続けることができる強い存在者に焦点が当たりがちですが、声をあげることができない弱い存在者もいることを決して忘れてはなりません。自律した人格（もしくは自立した個人）を基盤にしてしまうと、これを頂点として、減点法によって人間が評価されることになり、病いや老いや障がいなどによる自律能力の低下した存在者は不十分な存在とみなされてしまいます。しかし、「存在」という観点からすれば、存在するか存在しないかが問われるので、すべての存在者は「存在する者」であって、そこに優劣はありません。このように存在を根底に据えた人間観を確立することによって、誰もが等しく存在者として見なされると同時に、その存在に宿る尊厳もまた尊重されることになります。今求められているのは、自律（もしくは自立）という「強さ」ではなく、「弱さ」に基づいた優しい人間観なのではないでしょうか。

「弱さ（傷つきやすさ）」の概念は、自律尊重を特に重視するアメリカ流のリベラリズムに基づいた生命倫理の四原則〈自律尊重・善行・無危害・公正〉に対抗するものとして、1998年にEUの専門家たちによる生命医学プロジェクトとして提言されたバルセロナ宣言[iii]における4つの生命倫理原則〈自律・尊厳・全一性（integrity）・弱さ（vulnerability）〉の核をなすものとして取り入れられています。バルセロナ宣言の中では、自律的な存在であるとしても、私たち誰もが配慮にかけた他者の行為によって傷つけられうる弱い存在である、という旨が述べられています。

そもそも私たち人間は、既に生まれる前から母親の胎内でケアされなければ生きられない存在であり、それは誕生後も変わることはありません。成長するにつれて、誰かをケアする存在へとなっていきますが、それでもケアするだけの存在ではなくて、常に誰かからケアされる存在でもあり続けます。なぜなら、人は自分ひとりでは決して何事もなすことができないからです。そしてその後の老年期、さらには終末期においてもまたケアされる存在として死にゆくのです。人間は誰もがケアされる存在であり、ケアの中で生まれ、ケアの中で死にゆく存在なのです。したがって、ケアは必要に応じてなされたりなされなかったりするというものではなくて、人間存在そのものがケアなのですiv。先のバルセロナ宣言でも触れられていたように、たとえ今は自律的存在でありえたとしても、誰もが些細なことですぐに傷つくような弱い存在であることは変わらないのです。

「人間存在そのものがケア」であるがゆえに、そもそも人間存在というのは、ユダヤ人哲学者マルティン・ブーバーが『我と汝』で述べているように、単独で独力で存在しうるものではありません。彼は、「はじめに関係がある」として、人間存在が関係のうちにこそ成り立つものであり、その在り方はその態度に応じて、「我－汝（Ich-Du）」と「我－それ（Ich-Es）」という2通りであると述べています。すなわち、「私（我）」という存在者は、「私とあなた（我－汝）」というお互いに人格的存在として対話をなす間柄の関わりにおける「私」であるか、「私とそれ（我－それ）」という所有関係が支配し、存在そのものではなく存在するものとの関わりにおける「私」であるかのどちらかだということです。この2通りの在り方のうちで、人間は対話的存在であるゆえに、「私とあなた」という関係こそが本質的であり、「私とそれ」という関係よりも先行しています。「人間はあなた（汝）に接して私（我）となる[v]」のであり、「すべての現実的生は出会いである[vi]」と、彼は述べています。しかし、関わりを持つ誰とでも対話的関係を結べるわけではありません。「対話的な生とは、多くの人々と関わりあう生ではなく、関わるべき人々と真に関わりあう生なのである[vii]」ということであって、「あなた（汝）」という関わりあうべき相手と出会えたときにこそ対話的な生が実現し、私は真の私となりうるのです。

さらに、ケアの哲学者ミルトン・メイヤロフは、ケアする側の方から思索を重ね、「ケアすること」のうちに生きる意味が見出され、自己の存在が肯定されると述べています。

「人は自分の場を発見することによって自分自身を発見する。自分のケアが必要とされるような、また、自分がケアする必要があるような、私を私にしてくれる他者（appropriate others）を発見することによって、人は自分の場というものを発見する。ケアすること、ケアされることを通じて、人は自分が全体の一部であると感じるのである[viii]」

彼の思想の核心は、他者との関わり（ケア）を通して、他者の側から自分の存在が肯定されるということです。すなわち、他者から「必要とされている」ことこそが、「私はここにいてもいいんだ」という居場所をもたらし、私を私にさせるということです。私は他者の存在があってこそケアをすることが可能となり、実際に他者をケアすることによって場の中（in-place）に居ることができ、自己実現が果たされるのです。

「介護地獄」と呼ばれる世界を生きる

私たちが暮らす現代社会では、「介護」という言葉には既に大きなスティグマ（負の烙印、もしくはネガティブイメージ）が背負わされています。新聞・雑誌やテレビのニュースでは、「介護殺人」や「介護地獄」という見出しで、介護負担が重くのしかかる現実や介護環境の劣悪さなどが多く取り上げられています。したがって、「介護」というだけで、「大変で辛いもの」、「できれば関わりたくないもの」というように考えられてしまうのです。

なお、２０１０年に内閣府が行った介護保険制度に関する世論調査[ix]によれば、「家族に介護が必要になった場合に困る点」という項目に対する回答として多かったのは、①食事や排泄、入浴など世話の負担が重く、十分な睡眠が取れないなど肉体的負担が大きいこと（62・6％）、②ストレスや精神的負担が大きいこと（62・2％）、③家を留守にできない、自由に行動できないこと（55・2%）、④介護に要する経済的負担が大きいこと（54・5%）、⑤仕事に出られない、仕事を辞めなければならない（33・9%）などでした。

私は介護福祉士として特に自宅で最期を過ごしたいというターミナル期の方や吸引などが必要な難病の方の在宅介護の分野に携わっていますが、実際の介護の現場もやはり厳しいのが現実です。介護は、利用者が自立した日常生活を営むことができるように、食事・更衣・整容・排泄・入浴などの日常生活動作を支援するものでありますから、まさに生活全般に関わります。人間が生きている限り途切れることなく生活は続くため、介護に休みはありません。例えば私の経験からすると、時間帯や利用者さんのニーズによって詳細は異なりますが、随時行う日常生活動作へのケアに加え、ほぼ2時間ごとの体位変換や簡単なマッサージなどの身体介護、掃除洗濯や買い物などの家事援助、その他には健康チェックや薬の管理、必要物品の用意などの環境整備、さらには医療的ケアと呼ばれる吸引や文字盤を使ったコミュニケーション支援に至るまで、行うべきケアの内容は多岐にわたります。

ここで、さらに介護への理解を深めるため、介護福祉士に関して述べたいと思います。

介護福祉士という国家資格が生まれたのは、介護が社会制度化され、１９８７年に社会福祉士及び介護福祉士法によって介護福祉士が創設されたことによります。介護福祉士とは、「介護福祉士の名称を用いて、専門的知識及び技術をもって、身体上又は精神上の障害があることにより日常生活を営むのに支障がある者につき心身の状態に応じた介護を行い、並びにその者及びその介護者に対して介護に関する指導を行うことを業とする者」(「社会福祉士及び介護福祉士法」第二条2)と定義されています。医師や看護師でない者が医師や看護師という名称を用いることができない(「医師法」第十八条、「保健師助産師看護師法」第四十二条の三の3)のと同様に、介護福祉士でない者は介護福祉士であると名乗ることはできません(「社会福祉士及び介護福祉士法」第四十八条の2[名称独占])。しかしこれに対して、医師や看護師の業務(医師の場合は診療行為、看護師の場合は看護行為)に関しては、医師や看護師でない者はこれを行うことが法律で禁止されていますが(「医師法」第十七条、「保健師助産師看護師法」第三十一条)、介護業務は誰でも行うことができます。つまり、医師や看護師は業務独占であるのに対して、介護福祉士は業務独占ではありません。この点が法的な両者の大きな違いです。介護福祉士でない一般の人が介護を行っても罪に問われないのは、このためなのです。介護福祉士が業務独占でないという点は、「幅広く誰でも介護をすることができる」という利点がある一方で、誰でも介護ができるということから、「介護士の専門性が育ちにくく軽視されやすい」という欠点があります。介護福祉士の業務独占に関しては、今後議論すべき課題の1つと言えるでしょう。

さらに、医療と介護（福祉）の違いを内容的側面から考えてみますと、個人の尊重という理念では両者ともに変わりないのですが、医療は生命尊重という理念のもとに健康保持を目的としています。医療者はまさに「いのちを救う（救命）」ために全力を尽くすのです。その対象は病い（疾病）であるため、基本的に生体レベルでのアプローチになります。それに対して介護は、ノーマリゼーション[x]という理念のもとに自立支援を目的としています。その対象は生活であるため、社会レベルでのアプローチとなります。ここで指摘しておきたいのは、介護福祉士は家の中での家政一般を業務とする家政婦とは違い、日常生活を営むにあたって、あくまで障がいによって自力でそれを行うのに支障がある場合に、その支障に対する日常生活動作の介助や身の回りの世話をするというものであるということです。

さて、再び実際の介護の現場についての話題に戻りましょう。

家族にとって「在宅で介護をする」ということは、「介護に合わせて自分の生活をおくる（介護を中心にした生活をおくる）」ということであり、今まで自分が過ごしてきたリズムを変え、家族や友達との都合などを後回しにしなくてはならないということなのです。つまり、ある種の自己犠牲を強いられるということです。「自分のペースが乱され、些細なことでイライラしたり、言わなくてもいいようなことを言ってしまって後で自己嫌悪になったりして、そんな自分に失望してしまう……」と、あるご家族はその辛さを語ってくれました。また、たとえ直接介護を行わなかったとしても、役所への申請や諸々の書類の作成、カンファレンスや緊急時対応・判断など、家族が担っている役割は相当に大きいのです。

ここで、私が知る中で介護にまつわる最も悲惨な事件の1つである相模原事件[xi]について触れたいと思います。厳密に言えば、この事件は介護を苦にして生じる所謂介護殺人ではなく、介護の中の自殺幇助であるのですが、介護に端を発する悲劇が家族を崩壊させる程にいかに大きなものなのかを示すために、介護を抱える家族にこのような悲劇が二度と起きないことを願い、少し長くなりますが事件の全体像を浮かびあがらせることにします。

ALS（筋委縮性側索硬化症）という神経難病を患う40歳（当時）の長男の「死にたい」という再三の訴えに対し、「家族のためにも殺人はできない」と何度も諭し続けた母親が、苦悩の末にこれ以上長男を苦しませたくないと考え、自分も自殺することで日ごろの懇願を受け入れることを決意し、人工呼吸器の電源を切って長男を窒息死させ、その後に自らも自殺を図ったが未遂に終わったという事件です。呼吸器を外すことを息子に伝えると、長男は（動けない身体の中で唯一動かせる）目で「おふくろ、ごめん。ありがとう」と応じたそうです。

しかし、悲劇はこれに留まりませんでした。嘱託殺人罪で懲役3年執行猶予5年の有罪判決を受けたこの母親は、長男と一緒に死ねなかった苦悩から「死にたい」と日頃から口にしていたそうです。夫は「長男の看病を任せ、自分自身も妻を追いつめた」という負い目を消せずにいて、自らもヘルパーの資格を取得して5年間そんな妻を支えて励まし続けたのでした。そんな中で「長男のところに行きたい」と再三妻に請われ、心中するために2人で外出したものの失敗して自宅に戻ったところ、妻は「お父さんに罪をきせられない」と自ら包丁で首を刺したが死にきれず夫に死を懇願し、今度は夫が妻の望み通りに妻を殺めたのです。彼女は「お願いします。ここだよお父さん」と首を指さし、悲鳴もあげなかったそうです。2人の娘に残した遺書には、「息子のところで楽しく暮らしてきます」、「孫に風邪をひかせないように」などと綴られていたそうです。夫もまた自殺を考えたのですが、「娘を第一発見者にしてはいけない」と思い、出頭したのでした。その後、2010年に妻と同じ嘱託殺人罪で懲役3年執行猶予5年の有罪判決を受けたのでした。

主治医の先生のコラムによると、息子さんは死の1年前は「病気と闘う日々の中で、どこかに自分を見いだそう」としており、母親は介護を苦に思っているなんて言葉をはいたことはなく、介護にささげた日々には満足していて、「在宅療養に入ってから本当に周囲の人々に恵まれて、なんともお礼のしようがない」と語っていたそうです。さらに、関わった訪問看護師さん達はプライベートの時間までさいて息子さんを外に連れ出して、なんとか光明を見いださせてあげようと必死であり、主治医の先生もこの息子さんを「一緒にこの病気と闘った戦友」と呼べる程に強い信頼関係の下で本当に親身に関わっていたのです。

この事件を知れば知る程に、この事件に関わった誰もが心ある優しい人物であることが身に沁みて感じられます。そして、そうであればある程に、在宅介護の現場で起きた悲劇の連鎖が一層の悲惨さを際立たせており、本当に心が痛みます。この事件を様々な角度から検討することができるでしょうが、ケアという観点からすれば、息子さんの死は「ＡＬＳという難病との闘いの終わり」という彼ひとりに留まるものではなく、それはケアの断絶として、息子さんの介護にあたってきた母親はもちろん、その家族全体に大きな反作用を及ぼして全体のバランスを崩させるものであったと言えます。ケアは双方向的であるだけでなく、ケアの中でこそお互いが自分自身でありうることを考え合わせれば、悲劇的に断ち切られたケアによって、残された方も決して無傷ではいられず大きなダメージを受け、自分を喪失してしまうことも十分ありうるのです。したがって、ケアされる側もケアする側も、「繋がりのうちに存在する」ということを決して忘れてはなりません。

かつて現代ホスピスの礎を築いたシシリー・ソンダースは、終末期患者の抱える苦痛を分析し、それは単に身体的なものだけに限られるのではなく、①身体的苦痛、②精神的苦痛、③社会的苦痛、④スピリチュアルな苦痛の4つからなるトータルペイン（全人的苦痛）であることを明らかにした上で、それに対処するためにはトータルケア（全人的ケア）が必要であると主張しましたが、家族などの介護者もまた患者と一緒にその病いや死と闘っていることを考え合わせると、この概念は介護する側の苦痛においても十分に応用できるものであり、介護者の過度の疲弊状況を表すのに有効なのではないか、と私は考えています。

既に述べたような介護の大変さを踏まえつつ、私の経験も重ね合わせて考えてみると、介護者の大変さは単一のストレスから生じるものではなくて、以下の4つのストレスからなるトータル・ストレス（全人的ストレス）であると言うことができます。1つ目は、身体的ストレスです。体位変換、トイレ誘導、車イス移乗、入浴介助など、介護にはかなりの肉体的負担がかかります。人間の身体には当然体重の分だけの重みがかかるのであり、介護者の多くが腰を痛めている現実を直視すれば、これは容易に想像できるでしょう。2つ目は、精神的ストレスです。これは、24時間365日の介護の連続によって、「介護をいつまで続ければいいのか」といった出口の見えない不安や、背負わされた「いのちの責任」への重圧、さらには「自分ひとりで介護を背負わなければならない」という「逃げ場がない」ことから陥る介護うつなどが挙げられます。この精神的ストレスが大きくなると介護虐待などにもつながってくるのです。3つ目は、社会的ストレスです。先の内閣府の調査でも、介護にまつわる不安として、収入や家計に関するものが上位にありましたが、これは一言で言うと、「生活を脅かされる」ことに起因するストレスです。介護に経済的負担がかかるのはもちろんですが、介護をするために仕事をやめなくてはならなかったり、介護につきっきりでこれまでの人間関係（家族関係・友人関係・社会的関係）が希薄になるという「社会からの孤立」は、介護破綻の一因をなすものです。介護をすることができるのも、すべては生活という基盤が安定していてこそなのであり、これが脅かされてしまっては、介護どころか生存も危うくなってしまいます。最後は、スピリチュアルなストレスです。「介護に自分が支配されてしまって自分を見失ってしまう」という自己喪失や、それによって自分の生きる希望を見いだせないという意味の喪失や絶えざる介護への絶望など、これはアイデンティティー・クライシスによって引き起こされるストレスなのです。このような苦悩によって、自らの実存が脅かされるのです。したがって、スピリチュアルなストレスは自己の存在に関わることから、実存的ストレスと言うこともできるでしょう。

しかし、介護がトータル・ストレスによって介護者を徐々に疲弊させて追いこみ、地獄に例えられるような辛く苦しいものであるとしても、人間がこの世に存在する限り、介護が不必要となるということは考えられません。いつの時代でも何らかの形で介護が行われてきましたし、これからもそうでしょう。なぜなら、人間はその誕生以来死を宿命づけられており、誕生から死に至るまでには、必ず病いや老いを通り抜けなくてはならないからです。それが絶対に避けられないものであるならば、介護から目を背けるのではなく、介護を正面からしっかりと見据えて、それとうまく付き合う方が得策なのではないでしょうか。

では、現実問題として、どうすれば介護の負担を軽くできるのでしょうか。

介護は短距離走ではなくマラソンです。最初に勢いよくとばし過ぎると、必ず途中で燃え尽きて失速してしまいます。ゴールまで無事に辿りつくためには、ここ一番の踏ん張りどきもあるでしょうが、給水を取ることも重要ですし、疲れたら歩いたり、一休みすることも必要です。また、挫けそうなときに一緒に伴走して声をかけてくれたり、ときには愚痴をこぼせる仲間の存在も欠かせません。大切なのは、自分の限界をしっかりと把握した上で無理のない自分のペースを見つけて、リタイアすることなくゴールすることなのです。

介護は決して自分一人で成り立つものではありません。介護者が介護者として存在しうるのは、要介護者の存在があってこそなのであり、介護をされる人の存在は介護には絶対に不可欠なのです。したがって、介護は介護される人と介護する人との共同作業として初めて成り立つのです。ただしそれは、介護をする側から介護をされる側への一方的な関わりではありません。ケアの思想家であるノディングスは、「ケアされる人は関係にとって不可欠である。（中略）ケアされている人がケアリングを受け入れている場合にケアリングは達成される」と述べ、ケアにおける「ケアされる存在[xii]」についても積極的に意義づけています。つまり、「介護される」ということは、「介護させる」ということでもあり、「あなたが介護することを受け入れる」ということなのです。ここから、介護は双方の合意に基づく関わりであり、介護する側と介護される側の応答であると言えるでしょう。

したがって、介護とは対話に他ならないのです。それは介護される人と介護する人との対話であり、身体介助という観点からすれば、介護される人の身体の声に丁寧に耳を傾け、相手に負担のない形で障壁を取り除いてその思いを実現させるという、相手の身体との対話なのです。そして、お互いの間で応答がくり返される度に対話は自ずから深まり、存在と存在とが共鳴するような真の交わりとなって「絆」を作り上げるのです。私の叔母が語ってくれた次の言葉の中に、介護の日々の中で培われた固い絆を感じることができます。

「10年以上も父親を在宅で介護してきて看取った後、その葬式の時に最期にかけた言葉は、『今まで本当にお疲れさま』でした。それは同時に今まで介護してきた自分自身に対してのねぎらいの言葉でもありました。闘病している父と介護している私は、立場は違えども間違いなく1つの困難を共に歩んだまさに戦友だったと思います。だから、父に対しても私に対しても、自然と心から同じくこの言葉をかけたんだと思います」

介護が対話であるかぎりにおいて、実際の現場で介護を続けていくためには、「（お互いの）距離感」や、「（介護を行うことへの）意味づけ」がとても重要になります。

まず、「距離感（精神的・物理的の両面での意）」についてですが、要介護者と介護者の距離が近すぎると、お互いのパーソナルスペース（精神的・物理的両面の自分領域）を十分に確保することができず、一方が他方に強い圧迫感を与え、相手を飲み込んでしまいます。児童虐待や高齢者虐待などのように、ケアする側が強い場合には、「ケアによる支配」となり、ケアされる側の主体性は侵され、ケアする側の諸々の暴力を受けることになります。それに対して、介護疲れやモンスター・ペイシェント（横暴患者）などのように、ケアされる側が強い場合には、「主体の空洞化」がおきて、ケアする側の主体性は脅かされて隷属的状態に陥り、疲弊させられてしまいます。したがって、介護者の立場から具体的に考えると、適切な距離をとるためには次の2つのことを心がけるべきです。

１つ目は、「自分の場所（自分で居られる場所）」を持つということです。先の相模原事件のように、疲労のピーク（極限状態）に追い込まれてしまうと、適切な判断をすることが難しくなります。追いつめられて視野が狭窄し、最終的には白か黒かという極端な判断を選択してしまいます。しかし、落ち着いて考えてみれば、この世には白と黒だけでなく、実は赤も青も緑も存在していることに気づくはずです。介護職の私の友人は、そんな時の素敵な対処法を教えてくれました。それは、「空を見る」ということです。足元ばかりを見るのではなく、どんな時でも青々とした空が広がっていると気づくことによって新鮮な気持ちを取り戻すのです。視線を上に向けることによって、気持も上向いてくるはずです。

２つ目は、「ひとりで背負いこまない（任せるところは任せる）」ということです。ひとりの人間ができることには限りがあります。自分のこともやりつつ相手のこともすべてやるということは、自分の人生を生きつつ、相手の人生も生きるようなものであり、とても無理なことです。例えば、ひとりで人を背負うのは大変ですが、運動会の騎馬戦のように二人で支えることになれば重さは半減します。さらに胴上げのように人数が増えれば、ひとりの負担は片手程に軽くなります。「ひとりで背負いこまない」ということは、仲間と共にケアにあたるということです。介護は「チームケア」であればこそ、長続きしうるのです。

次に、「意味づけ」に関してですが、介護をしていると常に介護に追いかけられているような気がして、日々の介護で徐々に疲弊していき、ついには自分を見失ってしまいかねません。そうならないためには、一度立ち止まって自分に「なぜ？」と、問いかけてみるのです。「なぜ私は介護しなくてはならないのか」、「なぜ私は苦しんでいるのだろうか」と。そうすると、周囲の状況が冷静に見えるようになるでしょう。そして、「相手の存在が自分にとってどんなものであるのか」と、これまで共に過ごした歩みを振り返ってみるのです。そうすれば、自分を形づくってきた関係性に気づけるでしょう。さらに、「相手はどんな思いで今を生きているのだろう」と、相手の立場になって考えてみると、相手を敬うことができ、今までよりも少し優しくなれます。このように自問自答することによって、「介護することの意味」が少しずつわかってくるはずです。先に、「介護は対話」と述べましたが、これは第一義的には相手との対話でありますが、それは同時に自分自身との対話でもあるのです。こうして介護が自分の中に意味づけられ、位置づけられたときに、介護をすることへのモチベーションが生まれます。そして、「介護地獄」と呼ばれて自分を苦しめていたものが、実は自分を充実させるものであり、私を私として形作っているものであることに気づけるかもしれません。介護職にある私の知人は、自信を持ってこう語っていました。「介護に携わる人間は、高いモチベーションを持ち続けることが可能な状況におかれ、高齢者を敬うことのできる人格ならば、決して介護地獄には陥らないと思います」と。

介護には苦しみだけではなく、喜びも存在します。「できなくなったこと」により、「見えてくるもの」もあるのです。車に乗ればどこでも自由に行くことができるでしょう。また、飛行機に乗ればより遠くまで行くことができ、地上を見渡すこともできるでしょう。しかし、車や飛行機では、歩いているときに出会う道端の花々に気づくことはできませんし、心地よく頬を撫でる自然の風を感じることはできないのです。車椅子からしか見ることのできない風景があり、ベッドの上でしか気づくことのできない発見が確かにあるのです。「できなくなったこと」を嘆くよりも、「これもできた」という喜びを感じることができれば、介護される側も介護する側も嬉しい気持ちになるはずです。

「誰かに頼らなくてはならない」という「弱さ」は、責められるものではありませんし、決して恥じるものでもありません。なぜなら、私たち誰もが弱い存在だからです。介護している側もいずれ介護される側にまわるのであり、両者に根本的違いはありません。弱い存在であればこそ、思いあがることなく謙虚に相手の声に素直に耳を傾けることができます。あなたがあなたとして声を発し続けることによって、私は私としてその声に耳を傾け続けることができるのです。あなたがあなたであればこそ、私は私でいられるのです。

介護の現場は、人間の肉体と知の限界が弱さとして最も浮き彫りになる場かもしれません。しかし同時に、そのことを自覚して相互的な絆を生きる人間の高貴さが最も輝き放つ場でもあるのです。そこには人間を人間存在たらしめる目には見えない強固な「絆」が、しっかりと存在しているのです。

(i)ブレーズ・パスカル（由木康訳）『パスカル冥想録（パンセ）』、白水社、１９６７年、１４９頁。
(ii)例えば、佐藤啓子さんが避難所で毎日綴った「震災ポエム」の中に次のような詩がある。
「海の目
海を決して、恨んではいけないよ……。
流された人の命は、やがて、きれいな海の目となり、
生き残った私たちを見守ってくれる海の目。」
佐藤啓子『海をうらまない』、合同出版、２０１１年、20頁。
(iii)THE BARCELONA DECLARATION, POLICY PROPOSALS to the European Commission, November 1998, by Partners in the BIOMED-II Project, Basic Ethical Principles in Bioethics and Biolaw.
(iv)なお、ケアの存在論については、以下の拙稿を参照のこと。

小館貴幸「Sorge（気遣い）とケア論」、『立正大学哲学会紀要』第三号所収、２００８年、57頁～70頁。

(v) Martin Buber, *Ich und Du*, In *Das Dialogische Prinzip*, Orig., Ausg., 6., durchges. Aufl., Geringen: Schneider, 1992, S.32.
（田口義弘訳「我と汝」、『対話的原理Ⅰ（マルティン・ブーバー著作集Ⅰ）』所収、みすず書房、１９６７年）。

(vi) Ebd., S.15.

(vii) Martin Buber, *Zwiesprache*, In *Das Dialogische Prinsip*, Orig., Ausg., 6., durchges. Aufl., Geringen: Schneider, 1992, S.167.
（田口義弘訳「対話」、『対話的原理Ⅰ（マルティン・ブーバー著作集Ⅰ）』所収、みすず書房、１９６７年）。

(viii) Milton Mayeroff, *On caring*, HarperPerennial, 1990, p.104.
（田村真・向野宣之訳『ケアの本質―生きることの意味』、ゆみる出版、１９９３年。）

(ix) この調査は、「介護保険制度に関する国民の意識を調査し、今後の施策とする」ことを目的に内閣府によって、２０１０年９月16日～10月３日に行われたものである。層化２段無作為抽出法によって、全国20歳以上の者５０００人を対象にして、調査員による個別面接聴取法により行われた。

(x)ノーマリゼーション（normalization）とは、１９５０年代にデンマークの行政官であったN・E・バンク－ミケルセンによって理論化された概念であり、その内容は、障がいのある人も障がいの無い人と同じように、ともに住み慣れた地域で、あるがままに普通の生活をおくれる社会にするという考え方である。注意すべきは、ノーマリゼーションとは、障がいのある人をノーマルな人にすること（ノーマルシー：normalcy）なのではなく、障がいのある人がノーマルに暮らせるような生活条件を整えることである。

詳しくは以下の論文を参照のこと。

N・E・バンク－ミケルセン（中園康夫訳）「ノーマリゼーションの原理」、『四国学院大学論集42』所収、１９７８年。

(xi)相模原事件の概要は、以下の新聞報道からまとめたものである。

読売新聞２００５年2月15日朝刊、産経新聞２００９年10月19日朝刊、神奈川新聞２００９年11月8日朝刊、日経新聞２００９年12月21日夕刊、朝日新聞２０１０年3月6日朝刊。

(xii)Nel Noddings, *Caring: A Feminine Approach to Ethics & Moral Education*, 2nd ed., University of California Press, 2003, p.181.

（立山善康・林泰成・清水重樹・宮崎宏志・新茂之訳『ケアリング　倫理と道徳の教育―女性の観点から』、晃洋書房、１９９７年）。

8時間目

死への社会学的まなざし

藤村正之
上智大学総合人間科学部社会学科教授

死と社会学のかかわり

本章では、「死への社会学的まなざし」ということでお話をさせていただきます。

まず、死は生物学的事象なのだから、それに社会科学の1分野にすぎない社会学がかかわる余地があるのかとお思いの方もいるのではないでしょうか。そもそも社会学は、シンプルに言えば、社会の中を生きる人間の研究と言ってよいかと思います。ここでいう社会とは、時代が違えば社会も違い、国家が違えば社会も違い、その影響を受けながら、私たちは生きているということですね。したがって、実験室にポツンとひとりで生きている人間像ではなく、社会環境の影響を受けまくって生きていると考えるのが社会学の人間像と言ってよいでしょう。社会も研究し、人間も研究する。そのため、社会学は社会科学にも人間科学にもかかわる、欲張りな学問であると言えます。

そんな社会学の英語名称は sociology というものでして、その前半の socio の部分はラテン語で「つながる」「結ぶ」という意味あいを持っています。したがって、社会学はつながりの学問でもあり、西欧から導入された当初「関係学」などと言われた時期もありました。社会の中を生きる人間のつながり、社会関係に着目して分析していくのが社会学のひとつのあり方と言えるでしょう。学問的な用語としてはネットワークとも言えるでしょうし、日常語としては絆とも言えるかもしれません。

人間はひとりで生まれてきて、ひとりで死んでいくとも言われます。生物学的な個体としてみれば確かにそうであるかもしれませんが、人間が社会的存在であるがゆえに、多くの場合においてはそのような生まれ方と死に方はありえないと言えます。現実的には多くの他者に囲まれて生まれ、死んでいくのです。

生まれてくる時、母親の胎内から誕生する以上、少なくとも母親はおり、実際には家族・親族や医療関係者が周囲にいる。亡くなる時、近年は「無縁社会」ともいわれ、孤独死なども注目されているわけですが、そういう場合でも確かに死ぬ瞬間は誰もいないこともあるかもしれませんが、それでも死体が見つかれば周囲の人たちがそれを処理・埋葬しようとする。死体という言い方は物的な印象を強くもつ言葉ですが、これにその人を取り巻く人間関係が見えてくると途端に遺体と言われるようになる。おそらく遺族という言葉、遺された人々とセットとしてですが。家族・親族に遺された体であるから遺体であると。言葉の詮索はひとまずおいておくとして、一般的に考えれば、私たちは病院で家族・親族や医療関係者に看取られながら死んでいくことが多い。したがって、誕生も死も実は広い意味での人間関係の中で起こり、扱われていくわけで、そこに人間関係が展開するということは社会学の出番があるということになります。死は個々人の生物的現象でありつつも、人間関係に取り巻かれているから、社会学の対象になりうるわけですね。

さて、そのような社会学の中で、より細分化された具体的なテーマを扱う分野を連字符社会学・領域社会学などと言います。連字符とはハイフン（-）のことで、「○○」と「社会学」をハイフンでつないで社会学のひとつの研究領域が構成されているという意味で使われています。例えば、「家族-社会学」であったり、「都市-社会学」であったりするわけです。そのような連字符社会学・領域社会学の中に、「医療社会学」という領域もありまして、医師-患者関係や病院組織の研究、患者のＱＯＬの研究などがなされています。医療にとって患者さんを治療して治すということとともに、他方で人の生き死ににかかわるのが医療機関である以上、仕事の中で死とのかかわりが避けられないものであることは言うまでもありません。また、高齢化社会の進行は、高齢者が増える長寿の現象であるとともに、今度はその高齢者の死亡が増加することも意味しています。それらの医療社会学や高齢化社会研究の進展によって、死は社会学の中でも重要な課題のひとつとして認識されてきています。しかし、実は死が社会学のテーマになるのは何も医療社会学や高齢化社会が進展してきた近年というわけではなく、社会学の確立期にさかのぼることもでき、その時期からこの問題は扱われてきていたとも言えるのです。

社会学確立期からの主題たる死

社会学は19世紀初頭、フランスのA・コントによって提唱された学問ですが、19世紀末から20世紀初頭のヨーロッパに3人の巨人が登場したことで、社会学としての研究視点などが確立されていきました。その確立に貢献した著名な3人の社会学者が、フランスのE・デュルケムとドイツのM・ウェーバー、そして、同じくドイツのG・ジンメルです。この3人のうち、デュルケムとウェーバーの2人は各々の主著の1冊で死を扱っているのです。

デュルケムのそれは『自殺論』（デュルケム 1985）でした。自殺は個人的問題と考えられがちですが、彼はそれは社会の密度と文化の圧力の中で起こる社会的な現象だと考えたのです。そこで、彼は心理学が扱うような遺書ではなく、個々人の個別事情が相殺され、社会の傾向が現れる自殺率の統計に着目することにしたのです。すると、そこには、人々にかかわる要因と自殺率の高低には大きな違いがあることがわかったのです。宗教ではプロテスタント教徒∨カトリック教徒＞ユダヤ教徒、地域では大都市＞農村、職業では自由業・金利生活者＞その他の職業、性別では男性＞女性、婚姻の有無では独身者＞既婚者、社会状況としては平時＞戦時という形で、自殺率の高低が異なっていたわけです。

デュルケムは、それらの要因を整理して、どのような状況にある人がより自殺しやすいかという観点から考察しようとしました。そこで、彼は、自殺率は集団のまとまり具合、すなわち「集団凝集性」に反比例して増加するという命題にたどりつきました。人はなんらかの集団に強く統合されていると感ずるとき、自殺しない傾向をもつと考えられるのです。彼は、その考え方に基づき、自殺を類型化し、主要には生け贄や殉死のような誰かのために死ぬという「他者本位的自殺」、他方、自らの生きる意味に悩む「自己本位的自殺」、欲求が満たされないことで憔悴する「アノミー的自殺」の3つを分析し、さらに貧困にあえいでの「宿命的自殺」を取り上げ、それらの類型化の中で近代という時代の変化の方向性を把握しようとしたのです。

もう1人の社会学者、M・ウェーバーの死と関連する著作は『プロテスタンティズムの倫理と資本主義の精神』（ウェーバー 1989）です。こちらは、宗教と経済の意図せざる意外な結びつきをとらえた研究でした。その基礎となったのが宗教改革でのカルヴァンの予定説です。予定説とは、人々が永遠の救済と永遠の断罪のどちらに入るのかを神はあらかじめ予定的に決定しており、人々はその予定を知ることもできなければ、努力によってその予定を変えることもできないというものです。神の絶対性の下において、人間は無力な存在にすぎません。今の時代ならば、自分の努力にかかわりなく永遠の救済と永遠の断罪が決められているわけですから、どうしようもないと自暴自棄にでもなるしかないのですが、魂の救済が人生の重大事であった当時の人々はこの予定への確信を得たいと望んだと考えられるのです。

そこにおいて、永遠の救済に予定されているかどうかの証明は、職業活動の中で毎日勤勉に働けることで示されると考えられたわけです。それは、修道院のような閉ざされた世界で欲望をおさえる「世俗外禁欲」ではなく、「世俗内禁欲」ともよばれます。周囲の人々が欲望に満ちた行動をしめす中で、自分自身に禁欲を課すことができるかが、宗教的信念の下での人生上の課題となったのです。勤勉に働けば職業での達成や成功を通じて利益が得られる、しかし、その利益を使って贅沢をしてはいけない。むしろお金や時間を節約し、仕事に再投資していくことが重要となる。その結果、企業は拡大再生産されていき、それが資本主義の勃興につながっていったというのがウェーバーの見立てでした。自らの死後の予定を知りたいという宗教的行為の意外な結果として、資本主義経済が拡大していったわけです。「風が吹けば桶屋が儲かる」の歴史的社会学版と言ってもよいのかもしれません。

以上、20世紀初頭にヨーロッパに登場した著名な3人の社会学者のうちのデュルケムは自殺の社会性を、ウェーバーは死後に関する宗教的解釈と経済発展の意外な関係性を問おうとしたのでした。3人のうちのもう1人はジンメルなわけですが、彼の研究にも『生の哲学』というものがあります。彼も生と対比する形で死の問題を考えていたということができるかもしれません。

死の類型化──人の死に方がもつ意味

人が死んでしまえば、その人は生きていないのだから、どういう死に方であっても同じように見えるかもしれません。しかし、どういうふうに死ぬかという死に方がもつ意味は、本人にとっても周囲の者にとっても随分違います。死亡原因が何かということで、遺された人々の気持ちには大きな相違があると考えられます。

それでは、死亡の原因を類型化してみるとどうなるでしょうか（藤村 2008）。もちろん、社会学のやり方でとなりますが、2つの軸を立ててみましょう。縦軸を、死にいたるあるいは死をもたらす意図が自分か他人にあったのか、それとも誰にもなかったのかどうか、横軸を、原因が死んだ人の側にあるのか、それともそれ以外に外在している要因なのかどうかとしてみましょう。この2つの軸を組合せて4象限にしたのが図1です。

　まずは、この図の上のほうを見ていきましょう。上の2つ、第1象限と第2象限は死への意図が誰にもないものです。そのうち、死にいたる原因が自分に内在しているものが第2象限で、「病死」や「老衰死」が考えられます。病気で死ぬ、年老いて死ぬ、共に自分の内なる自然たる身体の限界がおとずれたということになるでしょうか。それに対して、死への意図は誰にもないものの、死にいたらしめる原因が外在的にやってくるものとして、「事故死」・「災害死」が考えられます。事故死・災害死は共にさっきまで生きていた人が、突然、意図せず外からやってきた事故や災害に

図1　死亡原因の類型化

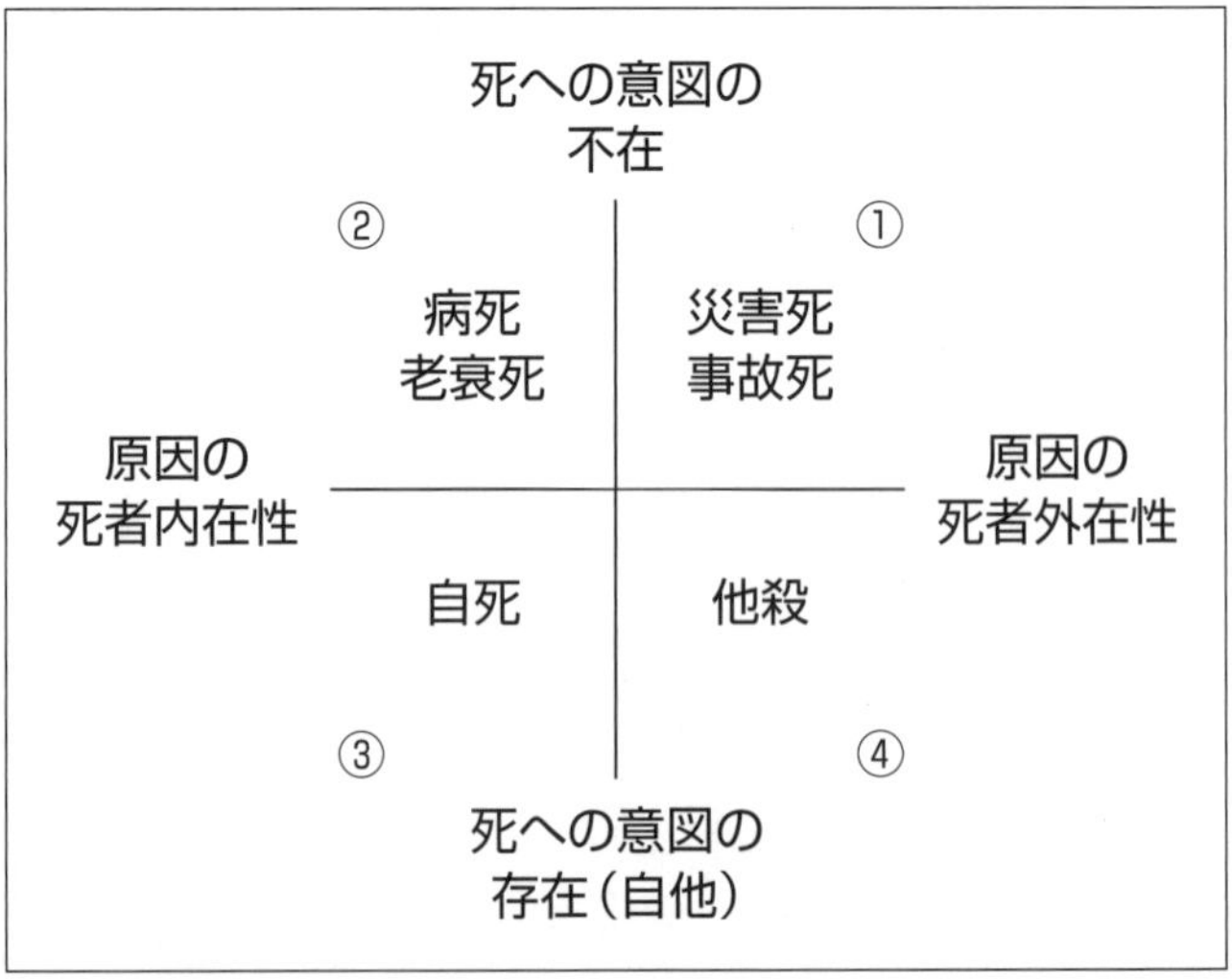

襲われて死ぬことになります。これが第1象限になります。次に下のほうの2つの象限です。第3象限・第4象限は、上の2つの象限と対比して、死への意図が誰かにあることになります。それが自分にあれば第3象限の「自死」すなわち自殺になり、他人にあれば第4象限の「他殺」ということになります。

この4象限の分類に関し、日本で各々の象限で人はどのくらい死んでいるのか簡単に数値的に確認してみましょう。まず昨今話題になっているので第3象限たる自死が年間約3万人であることは皆さまご承知のところかと思います。他方、他殺がどれくらいかというと、だいたい年に800人前後だったものが近年は400人台まで減ってきています。日本では、自殺と他殺では圧倒的に自殺のほうが多く、40対1、50対1くらいの比率となります。私たちはそんな感じが当然と思っているわけですが、これがアメリカだと大違いでして、資料にもよるものの、自殺が1万7千人に対して他殺が1万4千人というような数字になっています。ご存じのように銃保有の許されるアメリカ社会だと、自分で死のうかと悩んでいる間に他人にズドンと発砲され殺されてしまうかもしれず、うかうかゆっくりと自殺もできないということになる。日本の自殺者の多さも、逆に他殺者の少なさとの関連で社会状況の反映の一端として見ていく必要もあるといえるでしょう。実は、この点、自殺と他殺をその社会の中で複眼的に見ていく必要性を、先のデュルケムも『自殺論』の中でふれています。

そして、第1象限に移って、事故死がだいたい3万人くらいとなります。事故というと電車や飛行機の事故などを思い浮かべるわけですが、厚生労働省の死亡分類で事故とされるものの多くは自宅の風呂場での水死や階段や屋根からの転落死などです。他殺でも、配偶者や親や子による殺人が多いわけで、事故も自宅での死亡が多いとすると、冗談ではありますが、落ち着ける場所なはずの我が家が実は一番危険がいっぱいという場所でもあるのです。我々にとって、長時間残業で会社に残る以外、24時間の中で一番長くいるのが自宅であり、一番人間関係が濃く身近にいるのが家族だからですね。最後に、第2象限の病死は約110万人くらいとなります。現在、子どもたちが生まれる人数が年間に110万人くらいですから、出生と死亡が差し引きとんとんぐらいということになります。高齢化社会でこれから高齢者を中心に死亡数が増加する一方、少子化はさらに進みそうですから、日本は人口減少社会に突入していくことになるわけです。

数字を確認してみましたが、今度は各々の死の意味について考えてみましょう。4つの象限の中で、人々が比較的納得できる死というのが第2象限ということになるでしょうか。病気や寿命で死ぬということです。病死や老衰死をめぐっては、そこに本人の闘病や周囲の看病・介護が展開します。この闘病や看病・介護において、一般にはその期間の長さやそこで自分や家族がかかえる心身の痛み・苦しみ・不安が問題となります。他方で、この期間は、場合により、本人も周囲もある意味漠然とではあっても死を感じながら、心身が衰弱し、徐々に死に近づき、その中で自分と周囲の人たちが死を受容し、死を納得していく過程であるとも考えられます。闘病や看病・介護はもちろんあるしんどさ・重さをもつものですが、その過程で生ききった・やりきったという気持ちのもちようが可能となる場合も多いと言えるでしょう。

それに対して、他の3象限で起こる死は、周囲の者にとって突然の死といってよく、なぜ死んだのかという死の意味や意義づけが求められることが多くなります。第3象限の自死も予想される場合もあるでしょうが、それなら家族や周囲の者は止めようとするでしょうから、やはり突然起こる様相が強いものと言えます。自殺で遺された家族が悔やみきれない思いを語った例をひとつあげましょう。「父が死んだ前日、私が1人で風呂に入っていると、父が無言で入ってきたことがありました。ところが、私は何もできずに恥ずかしくて上がってしまいました。もしかすると、それは父からの最後のメッセージだったかもしれません。そう考えると、『自分が父の自殺を止められたのかもしれない』という思いが込み上げてきました」(自死遺児編集委員会・あしなが育英会編 2002)。自分に何かできたのではないか、自分の対応が死の原因あるいは死の抑止になったのではないかという思いを周囲の者はもってしまうことになります。

第4象限の他殺については、怨恨などによって殺される場合もあれば、無差別に通りすがりの殺人にあうような場合もあるでしょう。後者の場合、よりによってなぜ私の家族や友人がその事件にぶちあたってしまったのかという思いを拭いきれないことになります。違う場所に行ってい たら、数十秒違っていたらという気持ちに襲われると考えられます。

同様のなんとかならなかったのかという思いは、第1象限の災害死や事故死の場合もさらに強いかもしれません。その日のその瞬間まで生きていた人が、事故や災害で突然死に巻き込まれてしまう。逃げられたのではないかという思い、自分が何かすればその場所に行く行動が変わっていたのではないかという思いが出てきます。その日その瞬間が終りだと思っていないまま、何かが最後の別れになってしまう。病死であれば死は徐々に訪れるのですが、災害や事故の場合、それはまったく予期せぬまま突然やってきます。それゆえ、遺された人々は理由や意義を求めざるをえなくなるわけです。遺族が納得するために「天命だった」という言われ方をされたり、この死が問題や事象の新たな解決・対策につながり、「無駄死にではなかった」という結果につながるよう、遺族が何等かの動きを社会的に求めていくという場合も多くあります。

物理的に死んだという点ではこの4象限は共に同じなわけですが、本人と遺された人々にもたらす各々の意味合いが違うということは、死が社会関係の中にあるということを充分に物語っていると言えるでしょう。

過程の中にある死――家族や他者に囲まれて

次は、死が過程の中に、プロセスの中にあるということです。近年、死をめぐって dying という言葉がよく使われるようになってきました。dying は「死ぬ（die）」の現在進行形、日本語に訳すとすると、「死にゆくこと」となるでしょうか。死そのものに限れば確かに一時点の現象で、医者が臨終として死を宣告する時刻ということになります。死の先駆的研究者でもあったキューブラー・ロスの名著の標題も『死ぬ瞬間』ということで、死は一時点でとらえられることが多くありました。

確かに、長い生と対比させるならば、その生の後にやってくる死は一時点の出来事ということもでき、事故死・災害死では突然性からそのような様相が強いと言えるでしょう。他方、もっとも多くの人が死ぬ病死・老衰死においては、死にいたるまでの時間の経過があり、そこには家族、友人、医療関係者などさまざまな人たちとの濃密な人間関係のかかわりが予想されます。したがって、死自身は death という一時点の現象なのですが、そこにいたるまでの時間の経緯があり、そこに重きをおいて見ていく必要があることをしめすため、現在進行形を使って dying などと言われるようになってきたわけです。そのような言葉が出てきた背景には、急性疾患から慢性疾患への疾病の変化、高齢による心身の衰弱や障害の一般化によって、人生の末期に本人も他者も死を意識して過ごす一定の時間が確実に出てきて、看護・看病・ケアが人生の末期の人々の生き方にかかわる重要なテーマとなってきたからです。

過程の中の死という考え方は、闘病や看病がプロセスの中にあるということが如実に理解されてきたことにくわえて、「脳死」という段階の存在が社会的に認識されるようになったこともあげられるでしょう。脳死という段階を設定することによって、死自身もプロセスの中で多層的に構成されるというふうに理解されることになってきたわけです。従来は心臓の停止がヒトの死であったわけですが、そのひとつ前に不可逆的で蘇生不能な段階として脳死が設定されることになりました。脳死は確かに医学的基準に基づいて判定されるものですが、脳死判定の問題が前面に出てきたのは、背景に臓器移植の問題があるからです。心臓死にいたる前、脳死の段階であれば臓器移植が可能であると考えられているわけです。臓器移植には家族の承諾が必要ですから、家族が脳死を死ととらえられるかが問われることにもなります。死の医学的基準に、人々の認識という社会的要因も加味されるようになったといえるでしょう。脳死という考え方が登場することによって、死の確定というものが、心臓の停止という確固たるひとつの基準のみで決まるのではなく、医学的判定と人々の認識という社会性をより帯びたものになってきているのです。以上のように、死は、闘病や看病など死を意識しつつの社会的相互行為のプロセスとしての時間を経過して、その時を迎え、その時の死亡認定自体に立場の異なる人々の判断が交錯する切実な過程として存在するわけです。

死を迎え、家族は遺されることになります。どのような形であれ、家族・近親者などが死にいたり、その者が不在となる状況が起こると、遺族がその状況に時間をかけてでも適応していく必要があります。人々がおこなう、そのような心の昇華作業のことは「グリーフワーク」と呼ばれています。〝悲しみの作業〟、〝喪の作業〟とも訳されたりしますが、近年は「グリーフワーク」という言葉でもそのまま通用するようになってきたでしょうか。

遺族個々人のレベルでは、大事な人の死を昇華し、悲しみを薄めていくこと、その過程で自ら自身の人生に立ち向かっていくことが重要となります。その人自身の生活や仕事があり、その立て直しや維持が必要である以上、悲しみに沈んでばかりいられません。そこにどのくらいの時間が必要か、どのようなサポートが必要か、対応方法において唯一の正解というものはないでしょう。しかし、グリーフワークの状態にある人々の心身状況や社会状況に関し、いくつかのありうることを知って、自分自身が直面した時にどう対処するか、他者が直面した時、自分が何をして何をしないかなど考えるということは意味のあることでしょう。

他方、社会のレベルではどうでしょうか。事件性・事故性のあるものがニュースになりやすいということもあって、私たちは日々メディアを通じて他者の死の情報に触れていると言ってもよいでしょう。しかし、自らにふりかかったわけではない事故や災害などは、実体験ではないことからして、どうしても忘れていく場合が多くなりがちです。それゆえに、そのような事故や災害を二度とひきおこさないためにも、そのことを忘却しない、風化させないということが求められます。そこにおいて、追悼という活動が社会的意義をもって出てくることになります。大きな事故や災害においては、毎年や記念周年の当該日の追悼行事や、遺品や手記、事態を説明する追悼施設の建設などがおこなわれます。そして、この追悼行事や追悼施設は遺族が生きている間、さらにはその事象・事態を当時から知っている人々が生きている間、体験を有したものとして営まれ、やがて次第に歴史となっていくと言えるでしょう。これらは、社会全体にとってのグリーフワークと言えるのかもしれません。

このように、人の死を、個々人においては忘れられないがゆえにゆるやかに忘れることが、逆に、社会的には忘れがちであるがゆえにしっかりと忘れないことが重要となってくると言えるでしょうか。個々人では大事な人の死を昇華し、悲しみを薄めていくことの重要性が、社会的には事象を忘却・風化させず、意義づけていくことの重要性が対比されるようにも思います。

これら、グリーフワークとしての課題の違いは、もちろん誰が死んだのかということがかかわってきます。V・ジャンケレヴィッチは、誰の死であるかによって私たちはそれを異なって受け止めることから、各々の死での心理的受容の違いに着目しています（ジャンケレヴィッチ１９７８）。彼は死を人称ごとの死ととらえます。まず、「１人称の死」とは、「私が死ぬ」という自己の死です。私たちはこれを一生に１回だけ経験することになります。それは対応としては即興にならざるをえず、多くの場合不準備でもあるわけです。当然ですが、この経験を事前に考えることはできますが、経験を語ることは物理的にできません。したがって、死を迎える人が自らの死をどう受容していくか、周囲の人のサポートや理解も必要となってくると言えるでしょう。そこに、ホスピスの役割もあると言えます。次に、「２人称の死」とは、重要な他者の死です。私たちはこれを人生の中で何回か、家族や近親者、友人などの死で体験することになります。それを経験しても遺されたものは生きていかなければなりません。グリーフワークという課題が重く直面するのは、この「２人称の死」であると言えるでしょう。そして、「３人称の死」とは見知らぬ第三者の死となります。私たちはこれをメディアを通じてほぼ毎日のように経験していると言えるでしょう。しかし、「3人称の死」も一人ひとりの死であることは変わりませんから、私たちにとって第三者であっても、その人の家族・近親者にとっては重要な「2人称の死」として、それを悲しむ人たちがいることへの想像力が欠かせません。そこに、大きな事件性や事故性があれば、追悼として営まれていく場合もあるでしょう。以上のように、人称ごとに分けられる死に対しても、「1人称の死」の課題はホスピスとして、「2人称の死」の課題はグリーフワークとして、「3人称の死」の課題は追悼として取り上げられると言えるのでしょう。

現代文化における死の位置づけ

最後に、現代文化の中に死を位置づけてみると、どのような特徴が考えられるか、ふれていきましょう。

第1に、現代においては死の話題が回避される様相と死の話題が露出される様相とが併存していることが着目されます。前者は、誰にでも訪れるはずの死が自分にはかかわりがないかのように拒否・否定・排除され、いわば死がタブー化されることです。日常的な話題の中で、死が表だって語られることは少なく、そのことが話題となるときも何となく言葉少なに静かに語られるという状況が存在します。それは病院においても多くの場合変わりません。病院に入院している患者さんは病態によっては死に近い存在なはずなのに、周囲の皆が快癒への期待や展望を語る中、「死なないふりをする瀕死者」としてふるまわざるをえなくなったりします。もちろん、最近は病名告知の一般化により、その様相に変化のきざしも見られるといえるでしょう。

他方、後者、死の露出については、イギリスの社会学者J・ゴーラーによって「死のポルノグラフィー化」とも指摘されました（ゴーラー 1986）。それは、日常の人々のやりとりの中では死がタブーとして扱われ、ひそひそ話として語られることが多いのに対して、小説や映画・TVなどのメディアには暴力や死が氾濫し、何人もの人が殺されたり、死んだりしているということです。性的なポルノグラフィーが人前では語られず、密室での個人のひそかな楽しみや欲望の発散として機能していることをもじって、人前では語られない死もポルノグラフィーと同じようなものとなっているという比喩がなされたわけです。死が語られるべきところでは語られず、そうではないところでは噴出するという矛盾した状況が、現代文化にはあると言えるでしょう。

第2には、死との遠近感の変容です。一般的に人々の苦しみとして、歴史的には「貧・病・争」が着目されてきました。すなわち、貧困・病気・戦争です。しかし、この中で、戦後の日本に限れば、近年の格差社会論はあるものの、高度成長期を通じて多くの人にとって貧困はいったんは解消し、中流意識の蔓延する社会を築きあげたと言えます。また、日本は戦後の新たな憲法により戦争を放棄したことで、争いたる戦争で亡くなることはなくなりました。すると、先の「貧・病・争」の3要因の中で、貧と争の比重が低下し、病が重要な要因として相対的に浮上してくることになります。ところが、医学の進展によって、急性伝染病で死ぬようなことは減って、先にも見たように、病気で死ぬ要因の大きな部分が老衰、老いて死ぬということになってきています。その結果、病自身の中でも、病それ自身から老へという変化が起こっている。老いについては枯れるという言い方も使われるように、植物で表現されるようなものとして私たちは死んでいく。まさに、死は自然に還るものであり、生のピリオドを迎えることで生それ自身の完成にいたると考えることもできます。

しかし、そこにおいても、私たちは明日死ぬとは思っていなくて、老いの延長上に死がやってくると思っています。したがって、「遠い遠い老いの先にあるものとしての死」という認識が強くなっています。しかし、本当に、死はそんな遠くにあるものなのでしょうか。むしろ、死は毎日私たちと並走しているとも言えるのです。事故死や災害死は、死が身近にある、まさにそのことに気づかせてくれると言えます。私たちは実は毎日生死の綱渡りのロープを歩いているのですが、そのロープの上に幅広いじゅうたんが敷かれていて、その下がどうなっているのか思いもせずに、そのリスクに気づかずにいられるのかもしれません。死が遠くに感じられる分、私たちは何のために死ぬのか、何のために死ねるのかという問いを考えたり感じたりすることが少なくなってきています。そのような状態について、社会学者の井上俊先生は「死にがいの喪失」という卓抜な表現をしました（井上 1973）。私たちは「生きがい」について論じがちですが、そのことは「死にがい」が薄れてきたことと裏表の関係にあるとも言えるのでしょう。その貴重さに気づかせ、生を輝かせるものとしての死。私たちは何のためなら死ねるのかという問いを発することはもはやないと言ってよいでしょう。

私たちは不老不死でいることはできず、やがて確実に死にます。しかし、そこまでの生において何を残すことができるのか、リフトンはそんな観点を「象徴的不死性」とよびました（加藤・ライシュ・リフトン 1977）。ひとつには、私たちは子や孫を残すことができ、今ふうに言えばDNAということになるかもしれません。次世代・次々世代が新たなことに取り組んでいけば、その人の生は生き続けているとも考えられるわけです。また、自分のやりとげた仕事の成果を残すという方もいるでしょう。プロ野球の野村克也監督が「財を残すは下、仕事を残すは中、人を残すは上」として、自らの監督稼業の中でも選手や指導者を育てていくことが重要な目標であったと言っていたことがあります。ちなみに、この言葉は、明治から昭和にかけての偉大な医師であり官僚であり政治家であった後藤新平の言葉とのことです。

それらのことを逆手に取れば、人々の記憶の中にとどめられているならば、その人は不死として生きている、生き続けているということになるかもしれません。そして、その人とのやりとりの記憶をもった人が全て死んだとき、その人の社会的生も終わると言えるのでしょう。そんな話をすると、学生の中には、「それならば、先生、今も人気の戦国武将たち、例えば織田信長とかも生きていることになるんですか」という、困った質問を出してくるやつがいたりします。そうとも言えるし、具体的な人間関係のやりとりのあった人が生きているところまでとするという考え方もあるかもしれません。

以上、死への社会学的まなざしということで、死が社会学確立期からの主題のひとつであったこと、死の類型化と遺された人々の思い、過程の中で死を見ていく必要性、現代文化の中の死という論点について、お話をさせていただきました。関心のある方は、さらに参考文献などをご覧になっていただければと思います。

■参考文献

E・デュルケム 1985『自殺論』（宮島喬訳）中公文庫
藤村正之 2008『〈生〉の社会学』東京大学出版会
G・ゴーラー 1986『死と悲しみの社会学』（宇都宮輝夫訳）ヨルダン社
井上 俊 1973『死にがいの喪失』筑摩書房
V・ジャンケレヴィッチ 1978『死』（仲澤紀雄訳）みすず書房
自死遺児編集委員会・あしなが育英会編 2002『自殺って言えなかった。』サンマーク出版
加藤周一、M・ライシュ、R・J・リフトン 1977『日本人の死生観（上・下）』（矢島翠訳）岩波新書
澤井 敦 2005『死と死別の社会学』青弓社
M・ウェーバー 1989『プロテスタンティズムの倫理と資本主義の精神』（大塚久雄訳）岩波文庫

9時間目

新しい絆を求めて
――絆と再分配の問題――

浅見 昇吾
上智大学外国語学部教授

貧困や格差が大きな問題になり、「絆」の欠如が嘆かれ、「絆」の再構築が求められているように見受けられます。東日本大震災の際にも絆のことが大きく取り上げられ、人々が助け合う姿に絆を見て、絆がまだ存在していたと捉える人たちもいますが、他方で幾つもの自治体が核廃棄物の受け入れを拒絶することを目にして絆が欠如していると感じる人々もいます。このように絆に注目が集まるのは、今後の社会のあり方を考える際に、絆が大きな鍵になると多くの人が感じているからに違いありません。

しかし、絆ということで人々が何を考えているのか、どのような行動を絆のあらわれとして捉えるのかは、必ずしも明確ではありません。絆という言葉は様々なコンテクストで使われています。「絆」が何かを厳密に定義することも難しいでしょうし、絆、社会のあり方、行動の規範の間のつながりもまだ解き明かされていないと言っても過言ではないでしょう。

ここで、絆が何かを理論的にはっきりと浮き彫りにすることはできませんが、絆について議論する際に注意すべき事を幾つか提示するとともに、絆を理論的に捉える場合に手がかりになるかもしれないことを示唆したいと思います。

道徳的争いの背後

派遣労働者の雇い留めや派遣村のことが大きな話題になったことがありますが、経営者と派遣労働者の間で以下のような争いが起きていたと想定することはできないでしょうか。あるいは、現在でも経営者と労働者の間で以下のような争いが起きていると想定することはできないでしょうか。

（派遣）労働者が給与ないし時給を上げることを要求し、経営者の方は（派遣）労働者の給与ないし時給を下げようとする。そして、お互いに相手のことを道徳的に堕落していると非難し合う。

突飛な空想などではないと思います。というより、現実に近いことではないでしょうか。

では、（派遣）労働者サイドの言い分と経営者サイドの言い分のどちらか正しいのでしょうか。もちろん、答えは簡単ではなく、評価する人の考えによって答えが変わってくるはずです。

ここで指摘したいのは、どちらの主張が正しいかということではありません。こうした争いを単純に、一方が道徳的に堕落しているという事実に還元できないということです。あるいは、争いを一方の心のあり方に問題があるという事実に還元することは難しいということです。

実は、右記の例は、かつて農民と地主階級の間で現実に起きた争いをパラフレーズしたものです。16世紀にヨーロッパの様々な国で物価が急激に高騰しました。「価格革命」とも呼ばれる現象が起きたのです[i]。このような物価の高騰を前にして、人々はその原因を誰かの強欲さや意地の悪さに求めようとしました。農民の考えによれば、物価の上昇は地主階級が高額の地代を要求することによって引き起こされたということになりますし、地主階級の考えによれば、物価高は農民が農産物に高い値段を付けようとすることによって引き起こされたということになります。

しかし道徳的な争いの背後には、アメリカ大陸等から金や銀が流入し、流通する貨幣量が増えたという事実がありました。現代人の目からすれば、単純にインフレーションが起きていたにすぎません。

もちろん、個々の農民ないし地主階級が道徳的に問題のある言動をまったくとっていなかったとは言えないでしょう。道徳的に問題のある言動が何かを明確に定義しなくても、個別的なケースでは問題のある言動があったと推測できるとは思います。けれども重要なのは、一見したところでは道徳的な争いが行われているような場合でも、あるいはある人々が道徳的に問題のあるような言動を行っている場合でも、背後では個々の心のあり方や心の絆とは次元を異にすることが起きているかもしれないということです。何か争いや問題があったときに、心のあり方にすべてを還元できるとは限らないのです。

類似の事柄は、最近の社会心理学においても指摘されることがあります。例えば、山岸俊男は、社会現象の原因が一人ひとりの心にあると考える直感的な理解を「心でっかち」と呼び、こうした理解の仕方を批判しています。多くの人がすべてを心の問題に置き換え、なぜそんな心の問題が生まれたのかと考える方法をとっているし、その弊害に気づいていないというのです[ii]。「心でっかち」的な思考法の例として、離婚率の解釈のことが挙げられています。インターネット等々でも日本の離婚率（人口千人あたりの離婚件数）の変化のグラフはよく見かけられますが、おおよそ次のような変化を示しています。

明治から第二次世界大戦がはじまるまで、離婚率は下がり続け、その後ある程度上下しながら1965年頃まで0・7から0・8程度に落ち着いていました。1965年頃（高度成長期）からは離婚率が上昇し、オイルショック、つまり高度成長期の終わりには1・04まで増大し、1983年のバブル直前には1・51に大きく増大しています。1980年代後半のバブル期には離婚率が減少し、1988年には1・26に下がっています。バブル崩壊後の「失われた10年」の間に離婚率は急速に増加し、2002年には2・03とピークを迎え、その後、現在に至るまで離婚率が低下しています。2009年には1.99に低下しています。

では、1980年代後半に離婚率が大きく低下したのはなぜかと問うと、ほとんどの場合、3つの答えのどれかが返ってくるといいます。

1つ目は、戦後生まれの民主的な教育を受けた世代が結婚をするようになり、夫が家庭のことを重視し、家事を分担し、妻の不満が減ってきたから、というものです。2つ目は、女性の結婚適齢期という考え方が弱くなり、実際に結婚するのは自ら進んで結婚した女性であり、いやいや結婚する女性が減ったから、というものです。3つ目は、1980年代の後半はバブル経済で好景気が続き、経済的な問題にもとづく家庭内の不和が減ったため、というものです。

しかし、1つ目の解釈でも2つ目の解釈でも、1990年代になると離婚率が再び上昇をはじめたのかが説明できません。また、1980年と1990年の年齢別の離婚率を比べると、実はどの年齢層でも離婚率が上昇していることがわかるのですが、3つ目の解釈が正しければ、同じ年齢層の人たちの離婚率を比べるなら、バブル好景気による経済的安定のために離婚率が減っているはずです。ですので、3つ目の解釈も間違っていることになります。

結局、1980年代前半の日本には、離婚しやすい年代の人たちがたくさんいて、だから日本全体の人口千人当たりの離婚数が多かったのです。30代の前半が「離婚」適齢期（離婚しやすいのは結婚してから5年くらいまで）ですが、1980年代の前半ではちょうど団塊の世代が「離婚」適齢期であり、1980年代の終わりになると団塊の世代が「離婚」適齢期を過ぎてあまり離婚しなくなった、というのです。

こうした価格革命や「心でっかち」の例は、枚挙にいとまがないと思われます。ともすれば社会的な問題を個々の悪意や道徳的退廃等々に還元しようとする傾向がありますが、当事者の背後で起きていることが重要なのです。格差の現実や絆の欠如を前にして、個々の人に寄り添うことは必要だとはいえ、社会のこれからの方向を考える上では、個々に寄り添うこととは別次元の話も必要だと思われるのです。つまり、絆というものを考えるときでも、絆の欠如を人間の強欲な心、人間の利己的な心、現代人のすさんだ心にすべて還元するのは危険だと思われるのです。

地縁、血縁、そして……

では、絆ということで多くの場合どんなことが考えられているのでしょうか。例えば、2010年のNHKの番組「無縁社会～〝無縁死〟3万2千人の衝撃～」は、絆が大きな社会問題になるきっかけ（の1つ）を作ったものですが、そこで描かれている処方箋らしきもの、つまり絆のようなものは、地縁と血縁が主たるものだったと思われます。その他には、「ネット縁」のことが少し描かれていたにすぎません。もちろん、無縁への処方箋を描くことが番組の狙いではなかったでしょうし、そのようなことを描くのは困難なことに決まっています。とはいえ、困ったときにも地縁や血縁によるサポートがないのが無縁という描かれ方をしていましたので、必要なときには地縁や血縁によるサポートがあるのが望ましいという連想が働きます。

とすれば、地縁、血縁の重視に戻ったほうが良いということになるのでしょうか。地縁や血縁を重んじるとすれば、絆が復活するというより、どろどろとした人間関係が幅を利かせることになる危険はないのでしょうか。そもそも、近代社会が成立し、地域間流動性や階層間流動性が高くなっていくプロセスのなかでは、昔の地縁や血縁が弱くなっていくのは仕方がないことではないでしょうか。資本主義がさらに発展すれば、地縁や血縁が一層弱くなっていかざるを得ないのではないでしょうか。いつもは自分のことは自分で決めて他人からの介入は許さないのに、都合の良い時にだけ、地縁や血縁に頼ることは難しいのではないでしょうか。

あるいは、地縁や血縁に関係なく、目の前の相手に真摯に向かい、献身的な態度を取ればよいのでしょうか。社会的なコンテクストに関係なく、目の前の相手にひたすら献身的な態度を取るというのは難しいのではないでしょうか。困っている相手に救いの手を差しのべるとき、それが単発のものであるのは好ましくありません。個人の思い、個人への相手の配慮は、社会的コンテクストに関係するものですし、絆を作るときには持続的なものである方が望ましいに決まっています。つまり、社会的な視野、広い視野から考えなければならないのです。そして、社会的な問題として考える際には、心の問題にすべてを還元するのではなく、社会のあり方を具体的に考え、社会についての理論、倫理の理論を具体的に吟味して行く必要があるはずなのです。

絆と再分配

絆の復活ないし絆の欠如を心のつながりだけでなく、社会のあり方とも結びつけるなら、絆の問題は富の格差と再分配の問題にすぐに結び付くことになります。けれども、富の格差や再分配の問題は、日本だけの問題ではありません。他の国々でも問題になっているのみならず、国際的な規模での格差こそが現代の国際社会の大きな問題になっています。グローバルな規模での貧富の格差が大きくなり、再分配のメカニズムがうまく機能していないのです。

よく知られていることですが、今の地球上には極端な貧困があり、とてつもない経済格差があります。例えば、次のように言われています。

「一日一ドル以下という最も貧困な生活を強いられている人々が約一二億人（地球人口の約二〇％）。一日二ドル以下の生活をおくっている人々が約三〇億人（地球人口の約五〇％）。貧困によって死亡する人の数は、一日あたり約五万人で、その半数以上が五歳未満の子どもである。……貧しい国々と豊かな国々の状況を比べてみよう。世界の中で最も豊かな人々二〇％が世界の所得の八〇％を所有している[iii]」

こうした格差の中では、日本は、たとえ国内において富の格差があるとしても、グローバルな基準で見れば、豊かな国に分類されることになります。

このような状況を前にしたとき、私たちは、日本の中にも存在する身近な貧しい人々を優先的に援助するべきなのでしょうか、それとも極度の貧困に苛まれている他国の人々を優先的に援助するべきなのでしょうか。絆の問題を考えていくと、このような問いにも行き着きます。

ここで身近な人を優先させるべきだという答えを出す人も少なくないと推測されます。また、危機的状況では身近な人を優先させるべきだという倫理の理論もあります。例えば、ギャレット・ハーディンが救命ボートの倫理（lifeboat ethics）というものを展開し、身近な人を優先させることを弁護しています。

ハーディンは、定員60名の救命ボートに50人乗っていて、周りに100人の溺れかけている人がいたらどうするか、と問いかけます。ハーディンによれば、可能性は3つで、100人全員をボートに乗せるか、10人だけをボートに乗せるか、誰も乗せないということになります。最初の選択肢を選び、100人全員をボートに乗せると、ボートは転覆し全員が溺れ死ぬことになります。2番目の選択肢を選び、10人だけをボートに乗せようとする場合には、10人をどのように選ぶかという問題が浮かび上がります。10人を選ぶ基準をどのようなものにするべきかは難しい問題です。選ばれなかった90人への言い訳も必要になります。また、ボートに定員ぎりぎりまで人を乗せると、ボートの安全率を下げることにもなります。それゆえ、3番目の選択肢を選ぶべきだとハーディンは主張します。もし3番目の選択肢を選ぶことに罪の意識を感じるなら、ボートから出て行けばよいとすら主張します。

どうでしょうか。救命ボートの倫理は説得力をもつでしょうか。説得力がまったくないとは言えないと思います。緊急の事態のときには、身近な人、既にボートに乗っている人を優先させる選択肢が間違っているとは断定できないでしょう。

もっとも、救命ボートの倫理に疑念がないわけではありません。救命ボートに乗っている人は当然先進国（ないしは先進国に住む人々）で、海でおぼれかけている人は発展途上国（ないしは発展途上国に住む人々）の比喩であり、資源の配分や食料の配分や環境問題への取り組みなどの問題に直面した場合には、発展途上国（に住む人々）を見捨てるのも仕方がない、とハーディンは言っているわけですが、現時点ですでにそのような緊急事態が訪れているかどうかは定かではありません。様々なリソースが限られている災害医療の現場でトリアージ等々を行うのとは異なり、例えば食料だったら、今でも適切な（平等な？）配分を行えば、発展途上国に住む人や貧しい人に生きていくのに必要な程度の量を与えることもできないことではないでしょう。もちろん、単純に平等に食料を配分すれば良いというわけではないでしょうし、ある種の資源は絶対的な量が乏しく多くの人に十分な量を配分できないかもしれません。しかし、資源配分の倫理としての救命ボートの倫理は、トリアージなど、災害医療の現場での生命の選択の理論と同じものだとは言えないのではないでしょうか。

とすれば、豊かな国ないしは豊かな人々は、貧しい国ないしは貧しい人々に富を分け与える義務があることになります。少なくとも、そのような義務を簡単に否定することはできなくなります。そして、このような再配分こそが絆だという解釈も出てくることになります。

それでも、先ほどの問題が残ることになります。近くにいる人と遠くにいる人のどちらも同じように貧しかったら、どちらを優先的に援助するべきでしょうか。遠くにいる人たちの方が貧しいとしたら、身近な貧しい人よりも遠くのより貧しい人を優先的に援助すべきなのでしょうか。

あるいは、近くにいる人との絆や近くにいる人への共感と、遠くにいる人との絆や遠くにいる人への共感とのバランスはどのようなものであるべきなのでしょうか。

承認と再分配

このような問題になると、富の再分配の話をそのまま絆として扱って良いかわからなくなると思います。富の再分配を絆の大きなあらわれと捉えることはできると思いますが、直感的には遠方の人たちよりも身近な人たちの方が絆が強いと感じられるのに、富の格差だけを見ると、遠方の人により富を分配しなければならないかのように少なくとも一見したところ見えるからです。

つまり、遠方の人たちへの援助や共感と身近な人たちへの援助や共感というテーマになると、再分配以外の要素も視野に収める必要が出てくると思われます。そうすると、経済的な要素以外のことも考慮に入れなければなりません。このことは絆が語られるときに暗黙裡に理解されていることです。ただ、その際には往々絆の問題が心の問題と捉えられ、他人への思いやりや献身的な態度等々のことが持ち出されます。ですが、視野を広げると、文化や共同体、文化や共同体の価値観の問題も出てきます。同じ文化に属するから、同じ価値観を抱いているから、(困っている）同朋に手を差しのべなければならないという考え方が出てくるのではないでしょうか。

　では、同じ文化圏、あるいは同じ共同体に属することから生まれる絆と、経済の問題とを同じレベルや同じ視点から扱えるのでしょうか。おそらくは、「絆」や類似の言葉で一括することができなくはないと思いますが、同じレベルのものとして扱うのは難しいと思われます。現代の社会では、文化の単位は小さなものになっていく傾向があるのではないでしょうか。１つの国、政治的な1つのまとまりの中にも多様な文化があり、それぞれの文化が相応に評価されるべきだという傾向が強くなってきているように見受けられます。場合によっては、多民族国家の中の多様な文化のうちの１つが、１つの国家として独立することもあります。文化と言われるとき、小さな方向で考える傾向が強くなってきているようです。逆に、経済の単位は大きくなりつつあります。１つの国の枠に収まらない多国籍企業も数多く活動しています。しかも、競争原理が働いているとはいえ、経済活動が完全に無秩序なものとも言えません。相手を対等なパートナーや権利や義務の主体として承認していることが必要ですし、条約や法等々によってそうした関係が支えられもします。こうした経済の単位と文化の単位との間で、国家は何とか独自の存在を保っているというところでしょうか。このような複雑な関係は、現在のＥＵの有り様、ＥＵという実験を見れば、よく理解できると思います。

それゆえ、絆のことを考えるときには、他人への気遣いと経済のメカニズムという関係から理解したり、文化圏や共同体という観点から理解したりするだけではなく、文化、経済、国家の単位やメカニズムのズレや複雑な関係という観点からアプローチすることも有益だと思われます。

すると、このような様々な領域を何らかの形で結びつけるような視点が求められることになります。周囲の人とのつながりと遠方の人とのつながりの濃淡を捉えられる視点、絆と再分配を結びつけて捉えられる視点、文化と経済と国家の単位とメカニズムを結びつけて捉えられる視点が求められることになるのです。そのような視点が簡単に見つかるものでないことは確かでしょう。ですが、様々な領域で最近注目を浴びている「承認」という概念は手がかりになるかもしれません。例えば、相手を自律的な主体として認め合うことも承認の一種に違いありません。これは国家や経済の領域に関係すると思われます。また、同じ文化を共有する者として認め合うことも承認でしょう。さらには、家族のなかでの感情的なコミットメントも承認という観点から理解することができるはずです。しかも、発達心理学等々の観点からも、様々な種類の承認やその発展のプロセスについて議論されることが多くなってきています。再分配と承認の関係についての論争、再分配と承認のどちらが優先するかについての論争もありますiv。これは承認という概念が万能かどうかはわからないにしても、種々の場面で分析の武器として役立っているということです。

このように諸々の場面で承認が重要な概念になり得るとしたら、承認という視点から、様々な領域を横断する絆の問題に切り込めるに違いありません。それゆえ、細かな議論の展開は今後の課題であるとしても、絆を立体的に理解するには、現時点では承認という視点を手がかりにするのが適切ではないかと思われるのです。

(i)「価格革命」については、例えばレオ・ヒューバーマン『資本主義経済の歩み〈上〉―封建制から現代まで』(岩波新書、1953年)を参照してください。

(ii)山岸は「心でっかち」への批判を様々なところで展開しているが、本文の例は『「しがらみ」を科学する：高校生からの社会心理学入門』(筑摩書房、2011年)からのものである。

(iii)伊藤泰彦『貧困の放置は罪なのか　グローバルな正義とコスモポリタニズム』(人文書院、2010年)11-15頁。

(iv)様々な場面での承認概念のあり方、承認と再分配を巡る論争については左記のものを参照して下さい。A. Axel Honneth, Kampf um Anerkennung. Zur moralischen Grammatik sozialer Konflikt., Suhrkamp, 1992, Nancy Fraser, Axel Honneth, Umverteilung oder Anerkennung? Eine politisch-philosophische Kontroverse, Suhrkamp, 2003

あとがき

なぜ命と絆を主題化しなければならないかは、「まえがき」で説明されている通りです。とはいえ、命と絆の問題を取り上げている書物は他にもあります。本書の特徴は、命と絆の問題を真正面から取り上げていることと、この問題を様々な角度から捉えようとしていることです。これまでにも東日本大震災後の支援活動を描いた著作もありましたし、東日本大震災後の社会をどう捉えるべきかについての論考もありました。しかし、本書は実に多様な方向からのアプローチになっています。具体的な支援活動（ここにも様々な領域や種々のアプローチがあります）に携わっている方から、倫理思想や社会学の専門家まで幅広い方が、独自の経験と考えを展開しています。しかも、大所高所からの一方的な意見ではなく、普通に日常生活を送る人と一緒に命と絆の問題を考えていこうという姿勢に貫かれています。

このことが可能になったのは、本書が上智大学の社会人講座の輪講をベースにしているからだと思われます。社会人講座に集った方々との活発な質疑応答に刺激され、スピーカーは自分の経験や思索を深めることになりました。輪講に参加した受講生の方に心から感謝を申し上げます。

本書は、終末医療を主題化した『人生の終わりをしなやかに』に続く、「連続授業」シリーズです。前書と同様、企画から刊行のすべてにわたって、三省堂の中野園子さんには大変お世話になりました。厚く御礼申し上げます。

2012年7月

浅見昇吾

《執筆者紹介》

■ 1時間目 ■

中下大樹（なかした だいき）

真宗大谷派祐光寺僧侶、超宗派寺院ネットワーク「寺ネット・サンガ」代表、生活困窮者の葬儀・納骨等の葬送を支援する「葬送支援ネットワーク」代表、いのちに関する包括的支援「いのちのフォーラム」代表、一般社団法人「家族のこと」理事、一般社団法人「終活カウンセラー協会」全体監修。

1975年生まれ。大学院でターミナルケアを学び、真宗大谷派住職資格を得たのち新潟県長岡市にある仏教系ホスピス（緩和ケア病棟）にて末期がん患者数百人の看取りに従事。退職後は東京に戻り、超宗派寺院ネットワーク「寺ネット・サンガ」を設立し代表に就任。寺院や葬儀社、石材店、医療従事者、司法関係者、NPO関係者等と連携し、「駆け込み寺」としての役割を担う。生活困窮者のための葬送支援、孤立死防止のための見回り、自死念慮者の相談、自死遺族のケア、貧困問題など、「いのち」をキーワードにした様々な活動を行っている。今まで500人以上の看取りに立ち会い、2000件を超える葬儀に導師として立ち会う。2010年NHK「無縁社会」、朝日新聞「孤族の国」では有識者として取り上げられる。

著書「悲しむ力」朝日新聞出版社、共著「自殺と貧困から見えてくる日本」ビサイド出版

■ 2時間目 ■

宇都宮健児（うつのみや けんじ）

弁護士。反貧困ネットワーク代表。

1946年愛媛県生まれ。1969年東京大学法学部中退、司法研修所入所。1971年弁護士登録、東京弁護士会所属。

以後、日弁連消費者問題対策委員会委員長、日弁連上限金利引き下げ実現本部本部長代行、日弁連多重債務対策本部本部長代行、東京弁護士会副会長、豊田商事破産事件破産管財人常置代理人、KKC事件・オレンジ共済事件・八葉物流事件被害対策弁護団団長、消費者主役の新行政組織実現全国会議（ユニカネット）代表幹事、年越し派遣村名誉村長などを歴任。本書執筆時、日本弁護士連合会会長（2010年4月1日～2012年5

月8日)、内閣に設置された多重債務者対策本部有識者会議委員、全国クレジット・サラ金問題対策協議会副代表幹事、高金利引き下げ・多重債務対策全国連絡会代表幹事、全国ヤミ金融対策会議代表幹事、地下鉄サリン事件被害対策弁護団団長、オウム真理教犯罪被害者支援機構理事長、全国消費者行政ウオッチねっと代表幹事、人間らしい労働と生活を求める連絡会議(生活底上げ会議)代表世話人、週刊金曜日編集委員。

著書「消費者金融 実態と救済」岩波新書、「多重債務被害救済の実務」編著 勁草書房、「自己破産と借金整理法」自由国民社、「多重債務の正しい解決法—解決できない借金問題はない」花伝社、「お金で死なないための本 いつでもカード、どこでもローンの落とし穴」監修 太郎次郎社エディタス、「反貧困の学校—貧困をどう伝えるか、どう学ぶか」宇都宮健児・湯浅誠編著 明石書店、「派遣村—何が問われているのか」宇都宮健児・湯浅誠編著 岩波書店、「弁護士、闘う 宇都宮健児の事件帖」岩波書店、「反貧困——半生の記」花伝社、「弁護士冥利—だから私は闘い続ける」東海教育研究所など。

■ 3時間目 ■

斎藤友紀雄(さいとう ゆきお)

1936年東京都出身。東京神学大学大学院および米国ランカスター神学大学・同市総合病院で宗教心理学、臨床心理学を専攻。1974年より社会福祉法人いのちの電話で電話事務局長、常務理事を歴任。現在、日本いのちの電話連盟理事。その他日本自殺予防学会理事長、青少年健康センター会長、(医療)北の丸クリニック(精神科)常任理事、(社団)被害者支援都民センター理事、厚生労働省、内閣府、東京都などで自殺対策推進委員(2001〜)。

主要著書として、「電話相談と危機介入」、「自殺問題QA」(編)、訳書としてM・ローゼンフィールド「電話カウンセリング」などがある。国際リンゲル賞(1997)、朝日社会福祉賞(2007)

■ 4時間目 ■

稲葉剛(いなば つよし)

NPO法人自立生活サポートセンター・もやい代表理事、住まいの貧困に取り組むネットワーク世話人、埼玉大学非常勤講師。1969年広島県生まれ。学生時代より平和運動、外国人労働者の相談・支援活動に関わる。1994年に新宿連絡会（新宿野宿労働者の生活・就労保障を求める連絡会議）設立に関わり、東京・新宿を中心に野宿者の支援活動を始める。2001年、自立生活サポートセンター・もやいを設立し、幅広い生活困窮者への相談・支援活動に取り組む。

　著書「ハウジングプア」山吹書店・JRC、共著「貧困のリアル」飛鳥新社、共編著「わたしたちに必要な33のセーフティーネットのつくりかた」合同出版

■ 5時間目 ■

中島幸子（なかじま さちこ）
　NPO法人レジリエンス代表、DVコンサルタント、米国法学博士、米国ソーシャルワーク学修士、杏林大学・東京医科歯科大学非常勤講師。DV被害にあった経験をきっかけに勉強を始め、米国にて法学博士号、ソーシャルワーク学の修士号を取得。2001年からDVや性暴力についての講演活動を開始し、2003年レジリエンスを結成。全国各地で、DV、心の傷つき、トラウマとそこからの回復、グリーフケアといったテーマで、当事者、当事者の家族・友人、支援者などさまざまな立場の人々に、自身の体験とソーシャルワーカーとしての実践をもとに、講演活動や研修会を開催するなど幅広い活動を行っている。
　著書「性暴力　その後を生きる」NPO法人レジリエンス、共著「傷ついたあなたへ　わたしがわたしを大切にするということ」「傷ついたあなたへ2　わたしがわたしを幸せにするということ」梨の木舎、共訳「DV・虐待加害者の実体を知る」L・バンクロフト著　明石書店、「大切な人を亡くした子どもたちを支える35の方法」ダギーセンター著　梨の木舎、など。

■ 6時間目 ■

入江杏（いりえ あん）
　1957年生まれ。国際基督教大学を卒業後、1992年より渡英、大学で教鞭を取る。2000年末、世田谷事件に遭遇、妹一家4人を失う。その後、犯罪被害者および遺族支援・自助活動に従事。2008年より未解決凶悪事件の遺族会（「宙

の会」)に加わり、時効撤廃活動に携わる。悲嘆学研究所研究員。グリーフケア研究と啓発活動にも携わる中で絵本創作、著作とともに講演、読み語りへと活動の場を広げていく。自死や難病にも目を向け、声をあげられないトラウマの当事者の声を聴き取り社会に繋げようと努めている。

著書に、絵本「ずっとつながってるよ~こぐまの、ミシュカのおはなし」2006年、くもん出版 入江 杏 絵と文(単著)、「この悲しみの意味を知ることができるなら~世田谷事件 喪失と再生の物語」2007年、春秋社、入江 杏(単著)、「マスコミは何を伝えないか? メディア社会の賢い生き方」2010年、岩波書店(下村健一氏らと共著)

■ 7時間目 ■

小館貴幸(こだて たかゆき)

立正大学人文科学研究所研究員、立正大学非常勤講師、明治大学非常勤講師、帝京平成看護短期大学非常勤講師、川崎看護専門学校非常勤講師、介護福祉士。学会活動・社会的活動としては、日本倫理学会会員、日本医学哲学・倫理学会会員、日本介護福祉士会会員、日本臨床死生学会会員、日本ホスピス・在宅ケア研究会会員、日本ALS協会会員など。

1972年生まれ。専門は哲学(生命倫理学、死生学)、介護。具体的には、死を中心に据えて死の意味を問い、死と死を巡る問題に関して研究を続ける。特に最近の関心は、ケア論や死者の問題である。死について思索を続ける一方で、「死は常に現場で生じ、そこで亡くなるのはいつでも顔の見える具体的他者である」として臨床の現場にこだわり、「あなた」と直接に関わること・対話することをモットーに、介護福祉士として在宅における終末期介護(ターミナルケア)や難病介護に携わっている。

共著「存在の意味への探求―手川誠士郎先生古稀記念論文集」(秋山書店、2011年)。その他論文多数。

■ 8時間目 ■

藤村正之(ふじむら まさゆき)

上智大学総合人間科学部社会学科教授。

1957年岩手県生まれ。筑波大学大学院博士課程修了。博士（社会学）。東京都立大学助手、武蔵大学専任講師・助教授・教授などを経て、現職。福祉社会学、文化社会学、社会学方法論などを専門としている。学会活動として、関東社会学会会長（2007-2009）、福祉社会学会副会長（2009-）、日本社会学会『社会学評論』編集委員会副委員長（2006-2009）などを歴任。

著書「福祉国家の再編成」東京大学出版会、「〈生〉の社会学」東京大学出版会、「社会学」（共著）有斐閣、「ウェルビーイングタウン社会福祉入門」（共著）有斐閣、「福祉化と成熟社会」（編著）ミネルヴァ書房、「いのちとライフコースの社会学」（編著）弘文堂、「非日常を生み出す文化装置」（共編著）北樹出版など。

■9時間目■

浅見昇吾（あさみ しょうご）

上智大学外国語学部ドイツ語学科教授、上智大学生命倫理研究所所員、上智大学グリーフケア研究所所員。日本医学哲学・倫理学会理事。本書の元になった上智大学社会人講座「死ぬ意味と生きる意味」のコーディネーターを当初より務める。

1962年生まれ。慶應義塾大学卒。ベルリン・フンボルト大学留学を経て2004年より上智大学外国語学部に赴任。外国人が取得できる最高のドイツ語の資格・大ディプローム（GDS）を持つ数少ない一人。専門は、生命倫理、ドイツ現代哲学、ドイツ観念論。ドイツ現代哲学の知識を背景に生命倫理の諸問題に切り込む。と同時に、現代哲学の手法、特に承認論を手がかりに社会哲学の諸問題と取り組む。

また、学術書、教養書、小説等、数多くの翻訳を行う。近年は「魔法の声」、「魔法の文字」をはじめとしたドイツ児童文学の翻訳を手がけることも多い。

共著「医療倫理Q&A」（太陽出版、1998年）、共著「臓器移植と生命倫理」（太陽出版、2003年）。その他、論文多数。

連続授業
命と絆は守れるか？
震災・貧困・自殺からDVまで

2012年９月10日　第１刷発行

編　者　　宇都宮健児
浅見昇吾
稲葉剛

発行者　　株式会社　三省堂
代表者　北口克彦
発行所　　株式会社　三省堂
〒101-8371　東京都千代田区三崎町二丁目22番14号
電話　編集（03）3230-9411
営業（03）3230-9412
振替口座　00160-5-54300
http://www.sanseido.co.jp/

印刷所　　三省堂印刷株式会社

ＤＴＰ　　株式会社エディット

落丁本・乱丁本はお取替えいたします〈命と絆・232pp.〉
ISBN978-4-385-36551-0